JN110917

ねずさんの
知っておきたい

日本のすごい秘密

小名木善行

青林堂

はじめに

残念に思うことですが、いまでも「日本は悪い国だったのだ」と日常的におっしゃる方がおいでになります。わりとご高齢の方に多いようです。けれど《自分を含めてですが》そうした方々が学生時代を送り、また社会の第一線で活躍していた時代は、日本が高度成長のまっただ中にあった時代です。学生運動もありましたし、六〇年、七〇年の安保闘争や労働争議もありましたが、その間、日本はずっと平和でしたし、しかもその間中、戦前派、戦中派と呼ばれる先輩たちが、必死になって日本という祖国の復興に努めていた時代でもありました。いってみればそうした先輩たちによって社会が守られ、また日本がおおいに発展を遂げていた時代に、すこしひどい言い方をするならば、社会に甘え、親に甘えて、反日を気取ることが、あたかもかっこいいとされていた時代をすごしてきたわけです。

ところがそうした先輩たちが現役を引退し、甘えていた若者たちが社会の中心核となったとき、日本で何が起きたのかといえば、中身のないカネだけを追うバブル経済と、その崩壊でした。以後日本はまる三〇年以上にわたる不景気の時代をすごすことになりました。

戦争が終わったのが昭和二〇年、ＧＨＱによる占領が終わったのが昭和二七年《一九五二年》です。そこから昭和六〇年《一九八五年》までの三三年間、日本は国土の復興と経済の成長を続けました。そして同年から平成が終わる二〇一九年までの三四年間、日本はバブルを崩壊させ経済を減衰させせました。

もう三〇年も昔の話ですが、私のいた会社に、ある大手企業から出向してきた方がいました。夏の賞与をもらったとき、その人は「うちの会社はとんでもないボロ会社だ。同期で別の会社に就職したやつは、ボーナスを四百万円ももらったのに、うちの会社は二百万円しか出ない」と文句を言っていました。その人と私は、ほぼ同じ年齢でしたが、私のいた会社の同世代のそのときのボーナスは四〇万円内外でした。それでもとても嬉しいお金でした。そしてそのとき、「この人はどうして二百万円ももらえることに感謝しないのだろうか」と不思議に思ったものです。よくあることですが、会社の状態が安定していて、絶対に潰れる心配がないとき、人はツッパリとでもいうのでしょうか。はたからみたらとても幸せなことなのに、その幸せに文句を言うことがあります。「人は愛するものを容赦なく傷つける」とはマキャベリの言葉ですが、自分のいた会社を愛しているのに、つい愚痴や文句に走ってしまうのは、人の性(さが)なのかもしれません。

これと同じだと思うのです。日本が成長し安定し繁栄しているとても良い状態のときには、少々ツッパって甘えて文句を言っても、日本は微動だにしないし、微動だにしないとわかっているから、日本はひどい国だ、悪い国だといった話を、誰もが口にするし、そういう話が会話の中でウケたりもします。けれど、東日本大震災をはじめとした地震、毎年やってくる台風による被害、そして大雨による水害、不況不景気、そしてコロナによる経済の減衰等々と度重なっているいまの日本は、果たして成長し安定し繁栄している国といえるのでしょうか。そうした世相にあって、いまだにいたずらに日本は悪い国だとばかり言い募ることが、果たしてこれからの日本を良くする、そして私たちの生活が改善され、良くなっていく方向に向かわせる原動力になることと言えるのでしょうか。

違うと思います。いま必要なことは、むしろこの災害の多発する日本において、私たち日本人が、日本人としての自覚と誇りを取り戻し、みんなで国を支え、すこしでも良い未来を、私たちの子や孫に遺していくことなのではないでしょうか。

本書は『知っておきたい日本のすごい秘密』というタイトルにさせていただきましたが、あらためて神話の時代から建国の歴史、そして近世、近代に続く日本の歴史や人物史を振り返ることで、すこしでも日本人として、何が大切なことなのかをあらためて考えてみようとした本です。

この本を通じて何かを感じていただけたら、幸いに思います。

日本をおもしろく　小名木善行

目次

第2章　古代の日本と周辺国との関係……63

第3章　日本の基礎を築いた中世日本

第

章

記紀に学ぶ日本の国柄

一　隠身という大切な概念

1　神話と神語（かむがたり）

神話というと、根拠のない作り話と思っていらっしゃる方が多いかと思います。実はそれは英語の「MYTH」の訳語から来ている誤（あやま）った印象です。もともと日本には神話という用語はありません。では神々の物語を昔の人が何と呼んでいたかというと「神語（かむがたり）」です。ご先祖をずっとさかのぼっていくと、四百年くらい前までなら、何々家のご先祖の物語になります。いまですと少し古い家なら、戦国時代における我がご先祖の活躍などの言い伝えが家に残っていたりします。ところがご先祖をもっとさかのぼって、七百年前の鎌倉時代くらいまで行くと、二の二十七乗で、いま生きている一人の日本人のご先祖の数が一億人を突破してしまいます。鎌倉時代の人口はおよそ七百万人ですから、これでは計算が合いません。これがどういうことかというと、全国の日本人は、みんなご先祖がかぶっている《重複している》ということです。ところが日本の歴史は鎌倉時代に始まったわけではなく、その前には平安時代があり、奈良時代があり、古代大和朝廷の時代があり、さらには弥生、縄文の時代があります。遺跡から出土した石器は十二万年前までさかのぼります《島根県砂原遺跡》。

こうなると歴史は、何々家の歴史ではなく、ある一定以上昔の物語は、すべての日本人にとっての共通のご先祖の物語ということになります。そこでご先祖を上の方にさかのぼったお話を「神《上》語」と呼んだのです。

そういう次第ですから、幕末に英語の翻訳をする人たちが困ったのが「MYTH」の日本語訳でした。英語の「MYTH」には「根拠のない作り話」という語意があります。我が国の神語りを、そのようなものと一緒にされたくない。だから幕末に意図して「神話」という翻訳語を作ったのです。

近年ではすっかり「神語」が死語になり、「神話」という用語だけが生き残って、あたかも日本の神語まで「根拠のない作り話」であるかのように思われてしまっているのは、とても残念なことです。

2　古事記に書かれた天地創成

神語といえば、やはり古事記や日本書紀が思い浮かびますが、他にも諸国の風土記や、神代文字で書かれたホツマツタヱや竹内文書、九鬼文書など、実は様々な言い伝えを書にしたものがあります。ここではよく知られていると言われている古事記を題材にして、最初の天地創造がどのように書かれているのかを見てみたいと思います。

古事記の冒頭の文です。七五調に整えていますので、もしよろしければ声に出して読んでみてください。

あめつちの　はじめのときに
たかあまの　はらになります
かみのなは
あめのみなかの　ぬしのかみ
つぎにたかみの　むすひかみ
つぎにはかみの　むすひかみ
このみはしらの　かみがみは
ならびてひとり　かみとなり
みにおかくされ　ましきなり

天地初発之時
於高天原成
神名
天之御中主神（訓高下天、云阿麻。下効此）
次高御産巣日神
次神産巣日神
此三柱神者
並独神成坐而
隠身也

どういう意味かというと、初めに何もない時空間があるわけです《天地初発之時》。これは高次元の空間と読み替えても良いかもしれません。その何もない高次元の空間《高天原》に、忽然（こつぜん）と神様が現れます。それが天之御中主神（あめのみなかぬしのかみ）です。何もないところに成（な）られたということは、この時点で天之御中主神（あめのみなかぬしのかみ）が存在のすべてです。そのすべての中には時間も空間も含まれます。つまり天之御中主神は根源神であるということです。

《注》神様の名は漢字ばかりで書かれています。大和言葉（やまとことば）は基本も七五調ですから、天之御中主神ならば、単独の名詞として読むときは「あめのみなかの　ぬしのかみ」となり、名詞に「てにをは」の接続詞が付くときは「あめのみなかぬしのかみは」というように読みます。

次いで高御産巣日（たかみむすひ）、神産巣日（かみむすひ）という神様がお成（な）りになられます。高御産巣日（たかみむすひ）、神産巣日（かみむすひ）という言葉は、高次元の結び、神々との結びを意味します。「日（ひ）」は霊（ひ）や魂（ひ）でもありますから、これもまた神を意味します。高次元における存在のすべてが結ばれて神と成られたという記述ですが、これはまるで近年の最先端物理学の超ひも理論にも似た記述です。

このことは神様を人格視すると、かえってわかりにくくなります。神様は存在だけではなく、行為やはたらきのすべてが神なのだというのが古事記の概念です。その概念のもと、古事記はここまでの三柱の神様を「共に独神でお成りになられました」と書いています。独神というのは性別のない神様という意味です。存在・行為・はたらきのすべてを神と呼んでいるのですから性別がないのはあたりまえです。男女の性別以前の神様だからです。

3 「隠身」という大切な概念

そしてこれに続いて古事記は、たいへん重要な語句を紹介しています。それが「隠身」です。この「隠身」を、単に「身を隠した」と訳して満足して思考停止に陥ると、古事記に書かれた大切な事を見落としてしまいます。そもそもはじめに天地創成の三柱の神様が紹介され、その神様が「身を隠した」のなら、肝心の神様がおいでにならなくなってしまいます。しかも古事記はこの三柱の神々のあと、続けて宇摩志阿斯訶備比古遅神、天之常立神、国之常立神、豊雲野神という五柱の神様を紹介しているのですが、この五柱の神様もまた「隠身」されたと書いているのです。つまり古事記は、ここまでの短い記述の中で「隠身」という用語を三度も繰り返して書いているわけです。古事記は全文漢字で書かれていますが、漢文というのは基本的に同じ言葉の繰り返しをきらいます。ですから同じ言葉が二度繰り返されていたら、それは重要語句ということですし、三度繰り返されていることは、重要語句の中でも特に重要な、最重要な概念であるということです。

では「隠身」とは、どのような意味を持つ言葉なのでしょうか。手がかりになるのは漢字です。「隠」は旧字で「隱」と書き、大切な心臓を二重三重に手で覆（おお）った象形文字です。そこから訓読みの「かくす」という言葉が当てられています。「身」は、もともと人体を横から見た象形文字なのですが、真ん中の「目」のように見える部分の「目」の中の二本の横線は、もともと円形です。上にある「丶」が頭、下にある二本の線が足の象形です。そして胴体の中に○が書かれているわけです。その○は、お腹の中の胎児を表します。つまり創生の七柱の神々は、ご出現とともに、その存在のすべてを胎内に取り入れたと古事記は書いているのです。我々の住む世界は縦横高さの三次元空間で、これが時間軸に沿って変化する世界です。つまり言い方を変えれば我々の住む世界は四次元世界ということになります。これにプラス七次元ということは、最高位の天之御中主神は十一次元におわす神ということになります。現代の最先端物理学では、次元は最大十一次元までであると計算されているのだそうです。そうであるなら古事記は千三百年前に、十一次元を予見していた《?》ということになります。実に不思議な話です。

そして我々が神々の胎児であるとするならば、胎児の体は一つひとつの小さな細胞できあがっています。その細胞は日々、生まれては死にを繰り返しています。つまり新陳代謝です。その細胞の一つひとつが、私たち自身です。私たちは神々の胎児の細胞の一つひとつです。一つひとつの細胞が元気いっぱい、それぞれの役割をしっかりと果たしながら生きているなら、その赤ちゃんは健康です。そして赤ちゃんの健康とよろこびは、母体である神々の希望でもあり、またよろこびでもあります。ではもし、赤ちゃんの細胞のどれか一つが自分さえよければと周囲の細胞から栄養分をことごとく奪い取ってしまったら、その細胞のことを私たちは何と呼ぶでしょうか。そう、癌細胞です。そして赤ちゃんの体の中が癌細胞だらけになってしまったら、赤ちゃんは死んでしまいます。そして胎内の赤ちゃんの死は、母体にまで大きな影響を与えてしまいます。それは神々にとっての悲しみです。

　我々は、神々の胎内にある赤ちゃんであって、一人ひとりが元気いっぱい自分のすべき役割を果たして生きていく。そういうことが大事だと古事記は書いているのです。

　さらに古事記は、はじめの五柱の神様のことを「別天神（ことあまつかみ）」と書いています。「別天神」というのは「別な天の神様」ということです。我々の住む時空間がいわば神々の胎児であり、五柱の神々はその外側にお成りになられている母体です。そうであれば胎児から見た母体は、まさに別天神（ことあまつかみ）です。至極もっともな記述です。

4　天之御中主神と日の丸の旗

さて、その胎児のことを我々は「赤子」と呼びます。最初の神様のお名前は天之御中主神です。その天之御中主神は、なにもない時空間に高天原という間を作り、そこに成られたと古事記は書いています。間というのは、六畳一間とか四畳半一間などと使われるように、四角に区切った枡のような空間を意味します。天之御中とは真ん中の的のことです。そして的は普通円形をしています。つまり四角の間の中に円形があります。その円形が赤子です。だから円を赤く描きます。すると日本の国旗ができあがります。私たち日本人は、創世神である天之御中主神の胎内にある赤子だというわけです。

もちろん日の丸はそれだけの意味ではありません。赤い丸のことを日輪といって太陽を表します。そして我が国の最高神は、太陽神であられる天照大御神です。子供に絵を書かせたときに太陽を赤く書くのは日本人くらいなものなのだそうです。諸外国では黄色かオレンジ、もしくは肌色が用いられます。ではなぜ日本人が太陽を赤丸で描くのかというと、どうやら神語に根拠があるようなのですが、日本人の幼児は、神語を教えられていなくても太陽を赤く描きます。これはとっても不思議なことです。願兼於業といって、人間は元来、霊の存在であり、何らかの目的や使命を持ってこの世に生まれてくるのだそうです。ということは日本人を選んで生まれてくるということは、もしかすると日本人としての何らかの使命を持って生まれてきているのかもしれません。

二　すべては神々の御心のままに・諸命以

1　諸命以・修理固成・天沼矛

さて古事記に書かれた「隠身」の意味についてご理解いただいたところで、いま一つ、古事記の書き出しを飾る重要語の「諸命以（もろもろのみことをもちて）」について述べてみたいと思います。この言葉は創生の神々に続いてお生まれになられた男女神である伊耶那岐（いざなぎ）神と伊耶那美（いざなみ）神の物語に登場します。

ここも原文を声に出して読んでみたいと思います。

ここにおいては　あまつかみ　　於是天神
もろもろの　みことをもちて　　諸命以

いさなきの　みことのらして
いさなみの　みこととふたつ
はしらかみ
このただよへる
くにをつくりて　かためなせ
あめのぬほこを　たまわりて
ことをよせては　たまふなり
ゆへにふたつの　はしらかみ
あめのうきはし　たたしては
そのぬまほこを　さしおろし
ここををろろと　しほかきなして
ひきあげしとき　そのほこの
さきよりしたる　しほつもり
おのごろしまが　なれるなり

詔伊耶那岐命
伊耶那美命
柱神
是多陀用幣流之国
修理固成
賜天沼矛而
言依賜也
故二柱神
立（訓立云多多志）天浮橋而
指下其沼矛
以画者塩許々袁々呂々迩（此七字以音）画鳴
（訓鳴云那志而）
引上時自其矛
末垂落之塩累積
成島是淤能碁呂島（自淤以下四字以音）

この段での重要語は三つです。

諸命以（もろもろの　みことをもちて）

修理固成（くにをつくりて　かためなせ）

天沼矛（あめのぬほこ）

2　すべては神々のもの

前章で述べた通り、我々が住む世界は神々の胎内にあり、我々は胎児のようなものだというのが、古事記の基本認識です《隠身の概念》。前述の文の二行目に「諸命以」とあるのは、だから何事も神々の命のままに、という意味になります。この世に「自分のもの」など、何一つなく、国土も自然も体も魂も、すべては神々のものなのだから、神々のつくられた世界で神々の命ずるままに生きることが大事であり、これこそが神恩感謝の心であると古事記は述べているわけです。

ですから伊耶那岐神と伊耶那美神が淤能碁呂島を創りたもうたのも、伊耶那岐神、伊耶那美神の母体となる創生の神々の御意思です。それが「この漂へる国を修理て固めなせと～

言寄させ給うなり」という記述となっています。我々の世界における最初の男女神であっても、それ以前の神々の御意思に従っているというのですから、ましてその子孫たる私たちをや、というわけです。

またここでは、「つくる《造る、創る、作る》」ことを「修理」と書いています。人が原始状態から造ったものなど何もない。机も椅子も、自動車も家電もスマホも、神々がこしらえたものを、我々が加工したり修理したりして使わせていただいているわけです。ですから使い終わったら、ちゃんと《できるだけ》元通りにして、神々にお返ししなければならない。そのように考えられてきたから、昔の日本人は物を大切にし、使い終わったら神社に奉納するなどしていたわけです。着物も糸をくぐって反物にし、それを着物に仕立てるときは、途中で裁断をしないで、単に反物を織り込むだけで着物として使用しました。ですから着物は、糸をほぐすと、元の反物に戻ります。着古してボロボロになったら、あて布をして使い、それでもどうにもならなくなったら、紐や雑巾にして活用し、それさえも使えなくなったら燃やして火鉢の灰にしました。同様に伊勢神宮などでは、二十年ごとに建て替えを行いますが、取り壊した木材も決して捨てることなく神棚にしたりして活用し、最後にはお箸にまでしてどこまでも木材を大切に扱ってきたのです。その根底には、すべては神々のものなのだから、常に感謝の心を持って修理して大切に使わせていただくのだという思想があるわけです。

また矛（ほこ）は槍（やり）のような武器です。神々は淤能碁呂島を作るに際して武具を用いているわけです。武は、こう書いて「たける」と読みます。「たける」とは「竹のように真っ直ぐにする」という意味で、これを混沌としたところに差し込んで淤能碁呂島を作っています。つまり混沌を正すのは「たける力」、つまり物事をまっすぐにする力であると古事記は書いているわけです。日本では古来、武は、あくまで斜めになったり歪んだりしているものを、まっすぐにするためのものだとされてきたのです。決して、一部の人の利益のための暴力として用いてはならない。なぜなら武もまた、神々の力であるからです。

3　ココヲヲロロというオノマトペ

淤能碁呂島（おのごろじま）を築く際に神々から与えられたのが天沼矛（あめのぬぼこ）です。天沼矛は、天地をつらぬく真実の矛（ほこ）を意味します。その真実の矛を混沌の中で「許々袁々呂々（ここををろろ）」とかき回すわけです。「ココヲヲロロ」はよく「コオロコオロ」と変化させて用いられますけれど、「ココヲヲロロ」も「コオロコオロ」も、いずれも擬音語です。こうした擬音語のことをフランス語で

「オノマトペ《onomatopée》」と言います。日本語はとりわけこのオノマトペが多いことが特徴です。分厚い国語辞典には日本語の単語が五十万語ほど掲載されていますが、このうち五千語がオノマトペです。つまり日本語の一パーセント、およそ百語に一つがオノマトペです。

日本語のオノマトペには、たとえば、わんわん、メーメー、ブーブー、ニャーオ、ホウホウといった動物の鳴き声を真似たものや、ドキドキ、パチパチ、バキューン、チリーン、ドカン、カリカリ、バタン、ガタピシ、ガタンゴトン、パチバチ、ビリビリ、ジュージュー、グワァ～ン、パタパタ、ボキポキなどの音を真似たもの、あるいは、おずおず、おどおど、めろめろ、ふらふら、きゅんきゅん、きらきら、ぴかぴか、ぐずぐず、ツルツル、サラサラのように、本来音を発しない感情などを言葉で表現するものがあります。

おもしろいことにオノマトペは、言語ごとに、表現がまったく異なります。たとえば食事をするときは、日本では「パクパク」ですが、英語ではチョンプ《CHOMP》、フランス語ではミャム《MIAM》、イタリア語ではグナム《GNAM》、韓国語ではニャム《NYAM》です。キスは日本語ではチュッ《CHU》ですが、英語ではムワ《MWAH》、中国語ではボー《BOH》です。つまり言語によってオノマトペの表現はまったく異なるわけで、これはそれぞれの言語圏においては、音がそのように聞こえていることを意味します。そして日本語のオノマトペが中国語や朝鮮語とまったく異なるということは、日本語は中国や朝鮮半島からの輸入語では絶対に「ない」ということです。

オノマトペは日常的によく使われる語です。

たとえば今朝起きたとき、ご家族に「ぐっすり寝れた？」と聞いたりしますが、その「ぐっすり」というのがオノマトペです。しかし睡眠は「ぐっすり」などという音を立てません。ではなぜ「ぐっすり」というのかというと、「ぐうぐう、すやすや」寝ているからです。その「ぐうぐう＋すやすや」が短縮されて「ぐっすり」です。

「ぐうぐう」も「すやすや」も、なんとなく、そのような音を立てているといわれれば、なんとなくそうかもしれないと思われるかもしれません。では、

風が「そよそよ」と吹く

太陽が「かんかん」に照る

白い雲が「ぽっかり」浮かぶ

星が「きらきら」光る

などはどうでしょうか。風は「そよそよ」などという音をたてないし、太陽は「かんか

ん」なんてしゃべったりしません。

ではなぜこのようなオノマトペが使われているのでしょうか。実は、自然がそのような音を立てているのではなくて、受け止める側が自然が発する音をそのように聞いているからです。このことについて考古学者の小林達雄先生は、「人々が、人と人との間で行うコミュニケーションのための言語活動と同じか、あるいはそれに近いレベルで自然と向き合い、自然との間で活発な言語活動を行ってきた結果」《『縄文文化が日本人の未来を拓く』徳間書店一三四頁》と述べておいでです。つまり日本語は「自然と対話しながら発達してきた言語」なのです。ですから欧米人にはただの雑音にしか聞こえないカエルの鳴き声や虫の声も、日本人には美しい秋の音色となって聞こえます。なぜ美しいのかといえば、それは人がカエルや虫たちと日本人がごく自然にコミュニケーションしているからです。

つまり古事記における「ココヲヲロロ」というのは、混沌を否定しているのではなく、混沌とコミュニケーションしているという意味だということがわかります。だから天沼矛(あめのぬぼこ)は、天地をつらぬく真実の矛なのです。

迷う時、苦しい時、混沌とした状況に悩むときは、あって良いのです。その悩みの中に真実の矛が際知れられたとき、新たな展開が次に待っているのです。

三　目指すは「よろこびあふれる楽しい国」

1　あに国なけむや

豈無國歟（あにくになけむや）という四文字熟語は日本書紀にある言葉です。古事記は「《創世神からの》もろもろの命（みこと）をもちてイザナギ神とイザナミ神がオノゴロ嶋を創った」と書かれているのですが、日本書紀では、なぜ二神がオノゴロ島を創ろうとしたのか、その目的が書かれています。

次の文です。

いさなきみこと　いさなみみこと
あめのうきはし　たたしては
ともにはかりて　いはくには
そこしたに　あにくには　なけむとや
あめのぬほこを　もちまはし

伊弉諾尊　伊弉冉尊
立於天浮橋之上
共計曰
底下豈無国歟
廼以天之瓊矛

さしおろしては　あをうなはらを　これさぐり
そのほこさきに　したたるしほが
こりかたまりて　しまになる
なををのごろの　しまといふ
ここにおひては　ふたつかみ
かのしまに　おりをりて
ともにめをとと　ならむとほして
くにすをうめり

（瓊玉也此云努）
指下而探之是獲滄溟
其矛鋒滴瀝之潮
凝成一嶋
名之曰磤馭慮嶋
二神於是
降居彼嶋
因欲共為夫婦
産生洲国

《現代語訳》

天の浮橋に立たれたイザナギノミコトとイザナミノミコトは、「この橋の下の底の方に豈国（あにくに）はないだろうか」と、共に相談しあわれました。そして天の瓊矛（ぬぼこ）を、その下の底の方にある滄溟（あをうなばら）に下ろして、そこをかき回して矛を引き上げると、その矛の先から滴（したた）り落ちた潮（しほ）が固まって嶋になりました。この嶋の名を磤馭慮（をのごろ）の嶋（しま）といいます。こうして二柱（ふたはしら）神は、その嶋に降り羅れて共に夫婦（めをと）となって国土を生みました。

さて文中にある「豈無國歟（あにくになけむや）」は、「あに〜や」がいわゆる反語（はんご）であって、「国はあるだろうか、ないよね」とだけ訳されることが多いのですが、注意が必要なのが「あに」に使われている漢字です。「豈（あに）」という字は、神社などで使われる楽太鼓（がくたいこ）と呼ばれる太鼓の形を象形化したものです。その楽太鼓は、飾りの付いた据え置き型の太鼓（たいこ）ですが、実はこの太鼓には、打ち鳴らす場面に条件があります。それは婚礼の儀など、よろこびのときや楽しいときにのみ打ち鳴らすというものです。だから「楽しい太鼓」と書くわけです。すると「豈無國歟（あにくになけむや）」は、「楽太鼓を打ち鳴らすような、よろこびあふれる楽しい国はあるだろうか、ないよね。だったら自分たちでそんな国を創ろうよ」という意味が込められていることになります。イザナギとイザナミの二神は、この世界における最初の男女神です。つまり人類の始祖ということになります。その人類の始祖が、この世界そのものを「よろこびあふれる楽しい国」にしようとして、オノゴロ嶋を築かれたのです。これは素晴らしいことです。この世は「よろこびあふれる楽しい国」であることを目的に、神様がお作りになられたということだからです。とりわけ天然の災害が多発する日本では、このことはとても貴重です。どんな災害がやってきたとしても、何もかも失うようなことがあったとしても、決してくじけず、常に「よろこびあふれる楽しい国」を目指していくことが、神々の人類への思いであるということだからです。

我が国では、会議などで人が集まったときには、必ず最後に直会（なおらい）といって、みんなで楽しく酒を酌み交わします。桜が咲けば、花の下で宴会をします。つらい仕事であっても、終われば仲間たちと一杯となります。それらはすべて、この豈国（あにくに）、つまり「よろこびあふれる楽しい国」を築こうとする意思によるものです。

２　古代日本の庶民の暮らし

『令集解（りょうのしゅうげ）』という書があります。いまから千年以上前の西暦８６８年頃に編纂（へんさん）された養老令（ようろうれい）の注釈書です。全部で五十巻あり、そのうち三十六巻が現存しています。惟宗直本（これむねのなおもと）という、当時の法律家による養老令の注釈本です。ちなみにこの解説書、養老律令（ようろうりつりょう）の「令（りょう）」の部分だけの注釈書です。律令というのは、律が刑法、令が民法を意味しますが、我が国では古代にこうした法制度がつくられていながら、ついに明治時代に入るまで、律が完成することはありませんでした。世界の法制度は「目には目を」で有名なハムラビ法典の例を持ち出すまでもなく、本来、刑法が先に整備されてきました。ところが我が国では、ついに刑法が確立しなかった理由は、それだけ民衆の民度が高く、刑法を整備する必要がなかったからです。これは世界に類例のない、すごいことです。

さて、その『令集解』に『古記』という、いまから千三百年くらい前の７３８年頃に成立した大宝令の「注釈書」が断片的に引用されています。さらにその『古記』のなかに、さらに古い文献の引用として「一云」という節が多数用いられ引用されています。なんだかやっかいですが、『令集解』の中に『古記』が引用されていて、その『古記』が、さらにもっと古い文献を引用していて、それが「一云」として、『令集解』に書かれているというわけです。その「一云」として引用された文献の名前は伝わっていません。ところがこれが実におもしろい史料で、7～8世紀頃の日本の庶民の生活の模様が、そこに活き活きと描かれています。貴族や重鎮に関する記録や、大きな事件や事故などに関する記録というのは、特筆されて遺りやすいのですが、民衆の生活に関しては、なかなか記録されず、その様子を知ることは困難とされます。ところが、ここではまさにその民衆の生活が活写されているのです。

ではどのようにそのことが記されているのか。原文は漢文ですので、おもいきってねず式で現代語に訳してみます。

日本国内の諸国の村々には、村ごとに神社があります。その神社には、社官がいます。人々はその社官のことを「社首」と呼んでいます。村人たちが様々な用事で他の土地にでかけるときは、道中の無事を祈って神社に供え物をします。あるいは収穫時には、各家の収穫高に応じて、初穂を神社の神様に捧げます。神社の社首は、そうして捧げられた供物を元手として、稲や種を村人に貸付け、その利息を取ります。

春の田んぼのお祭りのときには、村人たちはあらかじめお酒を用意します。お祭りの当日になると、神様に捧げるための食べ物と、参加者たちみんなのための食事を、みんなで用意します。そして老若男女を問わず、村人たち全員が神社に集まり、神様にお祈りを捧げたあと、社首がおもおもしく国家の法を、みんなに知らせます。

そのあと、みんなで宴会をします。宴会のときは、家格や貧富の別にかかわりなく、ただ年齢順に席を定め、若者たちが給仕をします。このようなお祭りは、豊年満作を祈る春のお祭りと、収穫に感謝する秋のお祭りのときに行われています。

これが、いまから千三百年前の、日本の庶民の姿です。まだ渡来仏教が、一般庶民への布教が禁じられていた時代のことで、庶民のもとには神社しかなかった時代の様子です。

収穫時に各家の収穫高に応じて初穂を神社に奉納し、神社は捧げられた供物を元手として、稲や種を村人に貸付ける」という記述があります。古い神社ではいまでも当時の習慣がそのまま残っています。すこし詳しく解説しますと、収穫期に、穫れたお米を神社に奉納します。神社は、これを二年分保管し、その玄米を用いて、境内の苗代で苗を育て、その苗を用いて、各農家で田植えをします。二年分のお米を蓄えるというのは、実はそもそも稲作の大きな目的がそこにあるからです。狩猟採集生活では、食料の備蓄がむつかしいのです。ところがお米は長期間の備蓄が可能です。日本は天然の災害の多い国ですから、万一に備えて、みんなが飢えることがないように、お米を備蓄したのです。

このことはつい昭和44年まで行われていて、人々が食べるお米は「標準価格米」といって、二年前の古々米でした。その頃までは、なんと新米の方が値段も安かったのです。なぜかというと新米は本来備蓄するものであって、それが市場に出回るということは、よほどお金に困ってのことですから、その分、仕入れ値が安く、当然売価も安かったのです。これが同年の食管法の改正によって、スーパーに安い新米が並ぶようになり、当時は古々米が余ってしまって大変なことになりました。

3　身分よりも人

戦後には神社も宗教法人法に組み入れられて「神社は神社のもの」になってしまいましたが、もともと戦前戦中までは、神社は氏子（うじこ）さんたちの共有財産でした。近所の神社のことを氏神様（うじがみさま）といいますが、血縁関係の濃い人々が集う村々にあって、各村ごとの神様が氏神様です。ですから氏神様は、村の共有財産であり、その共有財産である神社に、いざというときの備蓄（びちく）米を保管したわけです。このため神社は水害に遭いにくい小高い丘や山の上にあり、建物も高床式で通風が良くてお米の保管がしやすい建築になっています。そして水害や地震、台風などの被害に遭いにくい場所に神社を建てて、そこにいざというときのためのお米を備蓄したのです。それは、いざというときのための大切な備蓄米です。ですから神様に守っていただくのが一番ということで、そこが神様のお社（やしろ）という意味で神社となりました。

その神社には、村のみんなが月に一度は集まって、中央からの指示を聴（き）いたり、神語（かむがた）りなどの勉強をしたり、お神楽（かぐら）を呼んでみんなで楽しんだりしていたのです。このあとに行われたのが「直会（なおらい）」、いまでいう懇親会です。その直会の際の席順ですが『一云（あるにいはく）』は、「家格や貧富の別にかかわりなく、ただ年齢順に席を定めた」と書いています。

社会的身分や、貧富の別なく、そこでは、ただ年齢順です。席順というのは、これも古代からの伝統で、出入り口からもっとも遠いところが上座です。出入り口に近いところが下座になります。誰が上座に座り、席順をどうするかは、たいへん重要な問題ですが、我が国の村々ではこれを、男女の区別さえもなしで「オール単純年齢順」にしていたわけです。村の中には、商売で成功してお金持ちになっている人もいたでしょうし、中央から何らかの役職を与えられた人（たとえば江戸時代ですと村の農家から藩の御家老が誕生することもありました）もあるし、習字や踊りのお師匠さんなどもいたことでしょう。もちろん名主さん（後の庄屋さん）のような地主さんもいますし、いわゆる水呑み百姓さんもいるわけです。現実の問題として、生まれたときから障害を持った人もなかにはいたことでしょう。そうしたあらゆる職業身分地位などを、一切無視して、村の直会（なおらい）は「単純年齢順」だったと『一云（あるにいはく）』は書いているわけです。

このように書くと、なにやらすごいことのようですが、いまでもたとえばお盆などで、田舎の実家に親戚一同が集まれば、そこでの席順は、身分や社会的地位や男女区分など一切関係なしに、たいていの場合、席次は単純年齢順です。つまり、いまでも千年以上昔から続く習慣が、日本ではちゃんと受け継がれているのです。

世界中、どこの国においても、宴席であろうがなかろうが、席次は身分や力関係によります。ところが古くからの日本社会では、男女、身分、貧富の別なく、単純年齢順です。このことが何を意味しているかというと、日本社会は古くから身分や貧富の差よりも「人であること」が重要視されてきたということです。

さらに、右に述べた『一云』に書かれていることと同じことが『魏志倭人伝』にも書かれています。『魏志倭人伝』は、3世紀の末に書かれたものです。いまから千八百年くらい前の日本の様子です。そこには、

「その会同（かいどう）・坐起（ざき）には、父子男女別なし。人性酒を嗜（たのし）む」

とあります。会同というのは、会議のあとの宴会のことです。その「坐起」、つまり席順には「父子男女別なし」とあります。身分の上下や貧富の差や男女に関わりなく、みんなで酒を楽しんでいるよ、と書かれているわけです。

つまり『魏志倭人伝』に書かれている3世紀の日本の庶民の姿は、そのまま『一云』に書かれている千年前の日本の姿であり、現代にも続く日本人の姿です。時代が変わっても日本

人は日本人です。時代はちゃんとつながっているのです。

4　盗窃せず、諍訟少なし

もう一つ重要なポイントがあります。

『二云』に、村人たち全員が集まった祭事のときに、「社首がおもおもしく国家の法を、みんなに知らせていた」というくだりです。この時代、中央で新たな元号が定められると、おおむね三日で日本全国津々浦々まで、ちゃんと共通の暦（こよみ）が浸透したといわれています。テレビなどのメディアがなかった時代に、どうしてこのようなことができたのかというと、実は非常に簡単な理屈です。ひとりの人が十人に話をし、その十人のそれぞれが十人に話を伝える。当時の人口はおよそ五百万人ですが、これを六回繰り返すと日本全国津々浦々、全国民共通の情報となります。ちなみに、これを十人ではなく四十四人で同じことを繰り返すと、同じ回数で七十億になり、世界中の人々に同じ情報を共有させることができることになります。いわゆる口コミ効果の凄みですが、古代の日本では、全国の神社がネットワーク化されていたために、このようなことが可能になっていたのです。

そういう社会インフラが古い時代から整っていたからこそ、日本は早くから大和朝廷としての国家建設を成し遂げることができました。律令制というと、国司が中央から派遣されて云々とそればかりが強調されますが、たとえば相模の国の国司なら、いまでいう神奈川県全域に、一人の派遣なのです。民間の隅々にまで一人で行政を示達することはおよそ不可能なことは、考えるまでもなくわかることです。ちゃんと神社のネットワークが用いられていたことも、学ぶ必要があることです。

比較に出すのはいかがなものかと思いますが、支配層が威張り散らして村落共同体からの収奪ばかりやっていた国外にあるどこかの半島では、そもそも村落共同体のようなもの自体が成立していません。そして村落共同体の成立がなければ、協同事業を必要とする新田の開墾（かいこん）も進まないし、水路などの堤防工事も進まない。山の木を伐ったあとの植林も進まない。そもそも文化が育たない。まして神社のネットワークなど、まるで考えもつかない。なぜなら、収奪しか王室の関心がなかったからです。

また、『一云』にある「神社の社首は、そうして捧げられた供物を元手として、稲や種を村人に貸付け、その利息を取ります」という記述は、わかりやすくいえば、いまの農協のことです。つまり古い時代の日本では、神社が役場や農協の役割を担っていたのです。

『魏志倭人伝』に書かれている3世紀初頭の日本は、弥生時代の終わり頃にあたります。

その弥生時代を担った人々は、縄文時代の日本人と同じ日本人です。その日本人が、大和朝廷を築き、飛鳥、奈良、平安、鎌倉、室町、江戸、明治、大正、昭和、平成を経て、令和のいまの世に生きています。そしてその間ずっと日本人のいとなみは、断絶することなくつながっています。そうした日本の歴史において、村落共同体や神社のもっていた役割、あるいは祭事のもっていた役割は、とても大きなものであったのです。そういう社会基盤があったからこそ、日本の歴史はつながっているのです。

『魏志倭人伝』には、他にも「盗窃せず、諍訟少なし」とあります。日本人は盗みをはたらかず、争いごとも少ないというのです。日本社会は、「人であることを重視してきた社会である」と書かせていただきましたが、だから盗みや争いごとをするような者のことを、「人でなし」といいました。人であることを大切にした社会であるからこそ、最大の侮辱の言葉は「人でなし」だったのです。

その日本が、最近ではどうでしょうか。テレビや新聞の社会面は毎日「人でなし」の報道ばかりです。

私たち日本人にとっての現在の、そして未来の理想の日本社会は、「人でなし社会」なのでしょうか。そうではないはずです。私たちが日本を大切にしよう、日本を取り戻そうというのは、争いなく、犯罪者もいなく、身分や貧富の差なく、みんなが共に笑顔で暮らして行ける日本という国が古くから持つ社会を取り戻したいと思うからです。このことは、もっとわかりやすくひとことでまとめるなら、愛のある国を目指したいからです。

人々にとって共通する理想があるなら、その理想に向かって一致団結、協力し合って、子や孫たちの住むより良い未来を築いていくのが、私たち大人の「いちばんすべきこと」です。すくなくとも、殺人や暴力や強姦や、貧富の差によって人々が差別され、その差別している人たちによって、へ理屈で事実をねじ曲げられるような社会など、誰も望んでなどいません。だからこそ「豈国(あにくに)《よろこびあふれる楽しい国》」なのです。

四　清陽も大事、重濁も大事

1　清陽も大事、重濁も大事

日本書紀の一番はじめの文章です。原文に続けて読みを書いていますので、できたら声に出して読んでみてください。

いにしへの
あめつちいまだ　わかれずに
かげあきらかも　わかれずに
とりのこのごと　こんとんの
ひろがるうみに　きざしあり
すみてあきらか　なるものは
うすくたなびき　あめとなり
おもくてにごり　たるものは
つつひてつちと　なりにけり
くはしきたへは　ひろがりて
おもくにごるは　かたまりがたし

ゆへにさきには　あめがなり
のちにはつちが　さだまりぬ
しかるのちかみ　なかになる

古
天地未剖
陰陽不分
渾沌如鶏子
溟涬而含牙
及其清陽者
薄靡而為天
重濁者
淹滞而為地
精妙之合博易
重濁之凝竭難

故天先成而
地後定
然後神聖生其中焉

ゆへにいはくは　かひびゃくの　故曰開闢之
はじめくにつち　うかぶのは　初洲壤浮漂
たとへばうをの　譬猶游魚之
みずのうへにて　あそぶがごとし　浮水上也

ときにあめつち　なかになる　于時天地之中生
ものひとつなる　あしかびの　一物状如葦牙
すなはちかみと　なりまして　便化為神
くにのとこたつ　みこととまをす　号国常立尊

日本書紀は、右の文章から始まります。現代語訳すると次のようになります。

「大昔、天地がまだ分かれていなくて、陰陽（かげあきらか）もまだ分かれていなかったとき、混沌（こんとん）としたなかに、ほのかな兆（きざ）しがありました。

その兆（きざ）しの中の清（すみ）て陽（あきら）かなものは、薄くたなびいて天となりました。

重くて濁っているものは、停滞して地となりました。
美しく言いようもなく優れたものは広がりやすく、
重くて濁ったものは固まりにくかったため、
先に天が生まれ、後に地が定まりました。
しかる後に、神聖なるものが、そのなかにあらわれました。
それが天地開闢のはじめです。
その天地開闢のとき、はじめに州が浮かび漂いました。
それはまるで、魚が水の上で遊んでいるかのような様子でした。
そしてこのときに、天地の中に葦のようにスクスクと育つものがありました。
それはついには神となって、国之常立尊と号しました。」

2　日本的な陰陽とは

古典を読むとき、現代語訳だけを読んでわかった気になると、たいせつなメッセージを見失います。ですから本当なら、現代語訳を付けるよりも、解釈だけを先に述べた方が、かえって理解のたすけになるかもしれません。実際、日本書紀が誕生したのが７２０年、その翌年からは日本書紀は貴族の子女たちの教科書として活用されています。この講義は、先生に合わせてまずは朗読し、次に先生が大和言葉でその意味を解説するというものであったそうです。

残念なことに多くの古典の解説書は、誰かが現代語訳したものを用いて、そこから解釈を展開しています。しかし現代語訳した時点で、原文との意味のズレが生じているわけです。するとたいせつな意味が失われる原因となります。困ったことに、そのズレからさらに再解釈が行われ、ズレが余計に拡大して原文の趣旨さえもゆがんでしまうといった事例は、我が国の古典文学の解釈に多々あります。日本文学が好きで、せっかく大学まで行って四年間古典国文学を学んだのに、つまらない解釈しかできなくなってしまうのはこのためです。大切なことは、常に「原点に帰る」ことです。ならばやはり原文が大事といえます。

その原文は、日本書紀に関して言えば漢字ばかりで、一見したところ意味不明です。ところがその原文を大和言葉で七五読（しちごよ）みすると、なんとなく感じるものがあります。これは日本人の不思議な特徴です。

さて日本書紀は、「古天地未剖（いにしへの　あめつちいまだ　わかれずに）」から始まります。ここでは「天地がわかれる」に「剖」の字を用いています。「剖」は解剖などと用いられる漢字で、刃物を使って二つに切り裂くことを意味します。つまり天地はもともと一体だったけれど、それが後から二つにバッサリと刃物で切り裂くように分かれたというわけです。

どのように分かれたかというと、陰（かげ）と陽（あきらか）に分かれた。ここが「陰陽（おんみょう）」と書かれているから、日本書紀は中国の陰陽思想の影響を受けて書かれたものである、などと解説しているものもありますが、陰陽思想は中国の易経や詩経、五行思想、大極思想などの大元になった思想《儒教などは、これらよりもっとずっと後の思想》で、広く東アジア全体に伝わっていたものです。その東アジアには、もちろん日本も含まれます。

しかもここに書かれている陰（かげ）と陽（あきらか）は、中国式の陰陽思想、つまりなんでも陰と陽の二つに分けて考えるものとも異（こと）なります。なぜなら本文をご覧いただいたらわかりますが、陰陽の別れていなかった状態から始まって天地が形成され、その天地の中から最初の神様である国常立尊（くにのとこたちのみこと）がお生まれになられているからです。天にお生まれになった、陽にお生まれになったのではないのです。あくまでも天地からお生まれになっているのです。つまり日本書紀は、なるほど陰陽という文字こそ使っていますが、その意味は、中国における善悪二元論としての陰陽の意味ではなく、陰と陽、天と地は、両方ともあってはじめて一つであると書いているわけです。ここにも日本的調和の精神があらわれています。

3　清陽（すみてあきらか）

ですから大元は、陰（かげ）と陽（あきらか）がまだ分かれていなくて混然として一体です。それが徐々にニワトリのタマゴをかき混ぜたような状態になり、そのなかに、ほのかに「きざし」が生まれるわけです。

日本書紀は、この混然とした状態のことを「渾沌（こんとん）」と書いています。「渾」という字は、氵（水）＋軍（まとまる）で、水がコンコンとまとまって湧いてくる様子の象形です。ですから「渾沌」と「混沌（こんとん）」は意味が異なります。

「渾沌」は、コンコンと湧き出る水が混ざり合う様子です。

「混沌」は、そこに溜まった水が混ざり合う様子です。

つまり陰陽は、はじめニワトリのタマゴをかき混ぜたように混ざっていたけれど、それは、汲んでも尽きない湧き水のように次から次へと湧き上がるものであったと描写しているわけです。

そこに「牙」が含まれます。「きざし」を「兆し」ではなく、「牙し」と書いていますが、この字は牙の上下が交わる姿の象形です。つまり陰と陽は、上の歯と下の歯のようなもので、両方があって、はじめて一体であると、ここでも繰り返し書かれているわけです。すべて調和が前提なのです。

そのうえで、「清陽なるものが薄くたなびいて天となった」と続きます。この「清陽」は、日本書紀の冒頭を飾るとても重要な用語です。右に紹介した原文だけをご覧いただいても、この短い文章に「陽」という字は二回出ています。同じ漢字の繰り返しを嫌う漢文で、同じ字が二度出ているということは、そこにとても重要な意味があるということです。

「清い」は澄み渡っていて清潔な様子です。この反対が「穢れ」です。穢れが溜まったらお祓いをして浄化してもらうのは、神道では普通に行われることです。

「陽」は、「ひなた」を意味する字で、明るさ、あたたかさを意味します。つまり「清陽」は、穢れがなくて、あたたかで、明るくてほがらかな様子です。

つまり日本書紀は、ただお祓いをしたり、禊をして穢れを祓うだけではダメだと書いているのです。同時にほがらかで明るくてあたたかでなければならないと書いているのです。ここはとても重要なポイントだと思います。

その「清陽（すみてあきらか）」なるものが天になり、重く濁（にご）ったものが地になります。ですから地で生活している我々は、常に重さや濁り（つまりそれが穢れ）とともにあります。それどころか私たちの体は、その重く濁った地（つち）から穫れるお米や野菜でできています。さらに創生神である国常立尊（くにのとこたちのみこと）は、この清陽（すみてあきらか）な天（あめ）と、重濁（じゅうだく）の地（つち）の両方から誕生されています。つまり日本書紀は、重濁の存在を否定していないのです。むしろ「清陽と重濁は一体のものだ」と書いているのです。

人が生きていれば、悩みに沈んで重く濁った心持ちになることは、よくあることです。けれどそれがいけないことではないと日本書紀は書いています。神様だって清陽と重濁の両方を合わせ持っておいでになるのです。まして人間なら、ときに重く濁った状態になってしまうことだって普通にあることです。けれどどんなに落ち込んで重く濁った状態になったとしても、同時にその中に清陽（すみてあきらか）なものを持つのが人間です。だから人は、また立ち上がることができるのです。

生きていれば、つらいことだってたくさんあります。それどころかもう立ち直れないと思うほど重く沈んでしまうことだってあります。そのまま自殺に追い込まれてしまう人もいます。けれど日本書紀はその冒頭で、そんな重濁さえも人の内だと書いてくれているのです。そんなへこんで落ち込んで、もう立ち直れないような気持ちになっていたとしても、その中に清陽の「牙（きざし）」がちゃんとあるのです。反対に清陽（すみてあきらか）な状態にあったとしても、誰だってその中に重く濁ったものを抱えて生きているのです。

だから、「両方あっていいじゃないか。神様だってそうなんだ。落ち込んだり、陽気になったり、そんなことを繰り返しながら、少しずつより良い方向に向かっていく。それが生きるということじゃないか」と日本書紀は書いてくれているのです。とてもありがたいことだと思います。

らむ　教育と文化の国を目指した日本

日本を日本らしくした最大の功績者は、鸕野讚良天皇(うののさらのすめらみこと)、つまり持統天皇(じとうてんのう)（６４５～７０３年）です。持統天皇は、父が天智天皇(てんちてんのう)であり、公民(おほみたから)という概念をあらためて広げ、夫の天武天皇(てんむてんのう)は壬申(じんしん)の乱によって日本国内をあらためて一つにまとめるという偉業を成し遂(と)げました。けれどこのお二方とも手を血で染めてしまったわけです。

女性であり、かつ天武天皇のもとで政治上の実権を握られた鸕野讚良皇后(うののさらのおほきさき)は、二度と日本が内乱その他で血で血を洗うことがない国になることを希(ねが)われました。そして夫である天武天皇の詔(みことのり)によって、我が国初の史書となる日本書紀の編纂を開始され、また日本の文化の創造としての万葉集の編纂を柿本人麻呂を通じて開始されているわけです。

この二つの書は、日本書紀の完成が元正(げんしょう)天皇の時代（７２０年）、万葉集の最

後の歌となる巻二十の四千五百十六番の歌が作られたのが孝謙天皇の時代となる759年（天平宝字3年）です。また両者とも、制作の開始はいずれも天武天皇の御世ですから、表面上は制作にあたって持統天皇のお名前は出てきません。

けれど我が国では、天皇は直接政務に関わらないということが基本です。そして話の発足点における政務の最高責任者となっていたのが、天武天皇の皇后であられた持統天皇です。つまり、日本書紀、万葉集ともに、持統天皇の問題意識から出発し、その問題意識に従って編纂が行われ、歴史に名を残したといえるわけです。

持統天皇の最大の問題意識が、我が国が二度と内乱の起きることのない、血を見ることのない国を目指したというものであるならば、では、その意思を、どのようにして現実化したら良いかということになります。ここにおいて持統天皇には、次の二つの道があったといえます。

（1）我が国の歴史を通じて、我が国が国家として何が大切であるのかという国家としての価値観を明確にする。

（2）和歌を通じて新たな日本文化を創造することで、思いやりと教養のある文化レベルの高い国にする。

（1）は、別な言い方をするならば、日本人としてのアイデンティティを構築するということです。そしてそのために歴史書を編纂する。歴史というのは、過去の事実を時系列に沿って一つの意思のもとにストーリー化したもののことをいいます。日本書紀が描く歴史は、我が国が稲作を中心として、天然の災害の多発する日本において、全国的なお米の流通によっていかなる場合も人々が飢えて死ぬことがないようにしていこうとする意志《これを「八紘一宇」といいます》であり、その稲作をする民衆こそが天皇の「おほみたから」であり、政治権力はその民衆が豊かに安全に安心して暮らすことができるようにしていくためにある《これを「しらす」と言います》ことを、神語や歴代天皇のご事績を通じて時系列に描いています。その意味において、日本書紀はまさに歴史書なのです。

日本書紀は、元正天皇に提出された翌年（721年）から貴族の教科書となり、そしてその後全国の豪族やその部下、そして一般の民衆へと広がっていきました。つまり日本書紀は、そのまま我が国のアイデンティティの基礎を築きました。このことが招いた結果はとても重要です。それは我が国が千三百年の昔から、エスニック・ビレッジ《Ethnic Village》ではなく、ネイション・ステート《Nation State》になったことを意味するからです。

どういうことかというと、これがまたすごい話です。平安時代のはじめに書かれた書に『新撰姓氏録（しんせんしょうじろく）』という書があるのですが、これは畿内の千二百家の豪族たちの出自を過去にさかのぼって調べた書です。すると畿内の豪族の三分の一が外国からの帰化人であったことがわかりました。いまの日本でいったら、一億二千万人の人口の内、四千万人が外国からの帰化人だというような状態です。いまの日本は、たった数百万人の外国人によって政界やメディアを乗っ取られたり、日本的文化を失いそうな状態になっていますが、反対に平安時代には、人口の三分の一が外国人という状況にありながら、むしろ平安中期には、紫式部や清少納言や和泉式部などが活躍する文化の爛熟した、教育レベルの高い、そして何より争いのない平安な時代を築いていているのです。

どうしてこのようなことが可能であったのかといえば、その答えは日本がネイション・ステート《Nation State》であったからです。つまり民族《エスニック》ではなく、あくまでも国家《ネイション》としての史書と理想を持ち、その理想を国民が共有した国家となっていたからです。

国家の形成を一つの理想のもとに形成するということは、古代に事例があります。それが秦の始皇帝です。始皇帝は、五つの大国に分裂して内乱を繰り返していた中華の統一を実現しました。このとき始皇帝が国家の肝として全面的に打ち出したのが法治主義です。何もかもが皇帝や政治権力者の恣意で決まり、気に入る気に入らないがそのまま対立となり争いとなり、それが大きな戦乱となるという当時の中華にあって、始皇帝は、いまふうに言うなら、法のもとの平等を説いたわけです。この思想は、秦と対立する列国の反主流派に広く受け入れられ、秦の始皇帝による中華統一が実現しました。法に基づく統治ですから、当然、文字も統一する必要があり、このときに始皇帝が漢字を採用したことが、その後の中華の漢字を決定づけています。始皇帝は、秦氏という民族によって周辺国を征圧した、つまりエスニック国家を目指したのではありません。民族や言語などの壁を越えて、法による平等というネイション（国家）を目指したわけです。始皇帝が統一する前の中華の五国というのは、それぞれ民族も伝統もまるで異なる国々でしたが、いかなる民族であれ歴史があれ、すべての人は法のもとに平等であるというネイション・ステートを始皇帝は実現したわけです。

ところが始皇帝は、その理想を実現するために、激しい武力を用いました。簡単にまとめれば、始皇帝の武力による中華統一は、法の強制から自由でありたいという項羽や劉邦によって、始皇帝亡き後の秦の滅亡につながっています。そしてその結果、現代に至ってもチャイナは人治主義のままです。そして人治主義は、常にトップに立つ者のみが富を独占するという形です。ちなみに現代チャイナにおいて、チャイナ経済、およびチャイナ政治は、世界に莫大な影響を及ぼし、世界中であらゆる工作活動を展開していますが、それら政治工作活動に関わる人達は、中共の政治的思想や理想に共鳴して工作をしているわけではありません。彼らは、中共政府の指示にしたがって工作活動をすればお金を得ることができるから、工作を行っているわけです。

これに対し、日本は教育と文化によってネイション・ステートを目指した国です。そしてその国柄は、千三百年前の持統天皇によって完成されたものです。持統天皇

の功績は、

・日本という国号の使用
・太上天皇（上皇）という制度の開始
・貨幣制度の開始
・税制の確立
・戸籍の使用
・住所表示のはじまり
・官僚制度の確立
・文書行政の開始
・史書として、教科書としての日本書紀の編纂
・歌集としての万葉集の編纂
・国家における権威と権力の分離
・お伊勢様の式年遷宮のはじまり

などなど、数え上げればきりがありません。もちろん、それらは持統天皇おひとりの功績ということではなく、歴代天皇のご意思を持統天皇が受け継がれたもので

もありますが、それらを集大成して、現代にまで続く日本の国の形を定められたという意味において、持統天皇の功績は偉大です。なかでも、日本書紀や万葉集を通じ、争いのない社会を築くために教育と文化を国の柱としたご事績は、日本人の性格を築いたという意味において、ものすごいことです。教育も文化も、学ぶことからはじまるからです。人は日々学び続けることによって成長するし、人の成長は、そのまま国の成長につながるのです。

このことは福沢諭吉の言葉にもあります。

『良民の上に良き政府あり　愚民の上に辛(から)き政府あり』です。日本人が良民であれば、政府も良い政府になります。日本人が、どこかの国のようなお金だけを求める愚民になれば、政府も辛い政府になります。いまの日本に、誰がどうみても怪しい政治家がいまだにのさばっているのは、そういうろくでもない政治家に票を投じる馬鹿者がいるからです。日本のメディアがおかしな方向に向かうのも、それをゆるしている国民がいるからです。日本を変えるなら、まずは日本人自身が成長し、良い国民になることです。

では、人が成長するとは、どのようなことをいうのでしょうか。それは、大切なものを守ろうとして日々研鑽を積むことでしかなしえません。そうであれば、日本人が、日本人らしさを身につけるよう、日々研鑽を積める社会を築くこと。本来なら、メディアこそ、その役を担わなければならないものです。堕ちるのは簡単です。けれど建設は死闘です。それでも建設を続けていく。特に男性は、本来「毎日千を失っても、日々千五百を築くもの」というのが、我が国の神語(かむかたり)です。絶対にあきらめない。

人がそうであるように、組織も国も、成長することができます。「日々是新(ひびこれあらた)」に、そして「三日会わざれば刮目(かつもく)して見よ」でありたいと思います。

第章

古代の日本と周辺国との関係

一　日本建国の理由

1　建国理由を教えない日本

世界中どこの国でも、学校で自分たちの住む国の建国の歴史や建国宣言の内容を教えます。あたりまえのことです。国があるから学校があるのだし、いざというときの行政サービスも受けることができるのです。国は自分たちの所属する共同体そのものなのですから、その国の建国の歴史や経緯、また建国の理念などを教えることは、国家として当然のことでもあります。チャイナやコリアのように、たとえその建国の経緯や理念が荒唐無稽な絵空事であっても、彼らは彼らなりに、最低限の建国の歴史や経緯や理念をしっかりと学校で教えています。もちろん米国でも建国の歴史や理念を教えます。なるほど米国の独立宣言を諳(そら)んじることができる人は少ないかもしれないけれど、米国が独立戦争を行ったこと、その独立戦争に勝利して独立宣言を行ったという事実は、米国人なら誰でも知っていることです。米国人でなくても、日本人にとってもそれは常識です。

世界にはオリンピックに参加する国が二百六ヶ国ありますが、そのどの国においても建国の歴史や建国宣言の内容を教えます。しかし戦後教育を受けてきた日本人で、日本建国の経緯や歴史、あるいは建国の詔（みことのり）を学校で教わった記憶を持つ方はいるのでしょうか。

日本は教育を憲法で義務化している国です。国家の行政機関として文部科学省もあります。日本という国があるから憲法があり文部科学省もあるのです。ところが憲法で義務化している小中学校で我が国の建国の経緯や理念、あるいは建国宣言を、その文部科学省の所轄する小中の学習指導要領に教えなさいという記述はどこにもありません。

教科書にも書かれていません。それは、文科省とはいったいどこの国の教育監督庁なのかと思ってしまうほどです。

さらに教育関係者のなかには、日本は戦後に大日本帝国から日本国という「別な国」になったのだと言う人もいます。さらには建国者である神武天皇の存在そのものを否定したり、あるいは建国の理念にまで出鱈目を吹聴している人さえもいます。

かなしいことだと思います。

2　日本建国の詔を読む

そこで神武天皇の建国の詔（みことのり）がどのようなものであったのか。これを日本書紀に書かれた原文からちゃんと読んでみたいと思います。原文と読み下し文を掲載します。もし周囲の環境が許すなら、ぜひ、声に出して読んでみていただければと思います。

●原文と読み下し

《建国の詔（みことのり）》

われひむかしを　うちてより　自我東征
ここにむとせに　なりにたり　於茲六年矣
すめらきあめの　いをたのみ　頼以皇天之威
あたうつために　おもむかむ　凶徒就戮
ほとりのくには　きよまらず　雖辺土未清
のこるわさわひ　ふさけども　余妖尚梗
うちつくにには　さわきなし　而中洲之地無復風塵
まこころこめて　おほいなる　誠宜恢廓皇都

ひらきひろめる　みやこをつくる　規摹大壮

いまはこひたる　わかきくら　而今運屬屯蒙
たみのこころは　すなほにて　民心朴素
あなをすとして　すむあるも　巣棲穴住習俗惟常
ひしりののりを　そこにたて　夫大人立制
つねにことわり　したかへば　義必随時
いみちきたみに　りのあるに　苟有利民
ひしりのわざに　さまたけもなし　何妨聖造

やまやはやしを　はらひては　且當披拂山林
みややむろやを　をさめつつ　経営宮室
たからのくらひ　つつしみて　而恭臨宝位
おほきもとひを　もってしずまん　以鎮元元

かみはすなはち　そらのかみ　上則答乾霊
さつけたまひし　とくのくに　授国之徳
しもにやしなふ　すめみまの　下則弘皇孫
ただしきこころ　やしなわむ　養正之心
しかるのちには　むつあわせ　然後
みやこひらきて　はちこうを　兼六合以開都
おほひていへと　なしゆかむ　掩八紘而為宇
またよからずや　それみるは　不亦可乎観夫
うねひのやまの　たつみかた　畝傍山東南
かしはらのちは　くにのなか　橿原地者蓋国之墺区乎
このちにおひて　くにしらしまむ　可治之

●現代語訳

月日の経つのは早いものであの東征からもはや六年の歳月が流れました。

その間に神々にご加護いただき凶徒も滅ぼすことができました。まだまだ周辺には妖(ああ)しい者が道をふさぐことがありますが、国の内にはもはや騒動もありません。

そこで真心をこめておおいなる都を築造します。いまそのための労作業をしている若者たちをはじめ、我が国のすべての民衆の心は、とても朴素（すなお）です。もちろんまだ稲作をしないで竪穴式住居に住んで狩猟採集だけで生活をしている人たちもありますが、そうした人たちを含めて、民衆が豊かに安全に安心して暮らせるよう、大人としての制（のり）を立て、正しい道（義）に従って必ず聖なる行いをしていくことに、果たして何の妨（さまた）げがあるというのでしょうか。

そのために山や林を伐（き）り拓（ひら）いて民衆のために公正を尽くす都を築きます。そして恭（つつし）んで宝位（たからのくらい）に昇（のぼ）りましょう。そうして、大昔から続く元々（もともと）からの人々が生きていく上で大切なことで、国を鎮（しず）めていきましょう。なぜなら我が国は、もともと天の神から授（さず）けられた徳の国だからです。みんなで正しい心を養（やしな）っていきましょう。

いま天地東西南北のための都を築造しています。その都を四方八方を覆（おお）う大きな屋根に見立てて、みんながその屋根の下で暮らす家族のように助け合って生きていくことができる国を築いて行きましょう。畝傍山の東南にある橿原の地で国を覆い、民衆を「たから」とする国を築いて行きましょう。

3　建国までの経緯を学ぶ

はじめに「東征より六年を経た」とあります。「征」の字が後年征服とか征伐などと使われるようになったため、あたかも神武天皇が大軍を率いて宮崎を出発して、ついに畿内にまで進出して畿内に軍事王朝を築いたかのように解釈する方が多いのですが、これはチャイナの歴史と日本の歴史を混同した誤った読み方です。なぜなら、「征」という字の訓読みは「正しきを行う」だからです。従って「東征」とは、「正しいことを行うために東に向かった」といった意味になります。

もちろん「凶徒就戮《あたうつために　おもむかむ》」とありますから、軍事的侵攻が一つの目的であったことも事実です。その目的《ないしは理由》は、日本書紀には明確に書かれています。

どういうことかというと、そもそも高天原からの天孫降臨は、九州の宮崎への瓊瓊杵尊（ににぎのみこと）だけにあったことではないと日本書紀は書いているのです。畿内には饒速日命（にぎはやひのみこと）という、これまた天照大御神の孫が天孫降臨してきていたのです。ところがその末裔（まつえい）となる長髄彦（ながすねひこ）は、みずからが天孫の曽孫であることを重視するあまり民の暮らしをかえりみず、そのため畿内は村落同士の争いと収奪に明け暮れてしまっていて、多くの民衆が飢えに苦しむ有様となっていることが、塩土老翁（しほつちのおきな）によって神武天皇のもとに情報がもたらされるのです。

「これはいけない」とお考えになられた神武天皇は、兄たちと「東に向かいたい」と話し合います。その兄たちというのは長男が五瀬命（いつせのみこと）、次男が稲飯命（いないのみこと）、三男が三毛入野命（みけいりのみこと）、そして四男が後の神武天皇となる神日本磐余彦尊（かむやまといはれひこのみこと）《古事記では神倭伊波礼毘古命（かむやまといわれびこのみこと）》です。

これらのお名前はすべて諡号（おくりな）といって、お亡くなりになった後に付けられたお名前です。

五瀬命（いつせのみこと）は、五穀（ごこく）と浅瀬《つまり水田》を意味し、

稲飯命（いないのみこと）は、そのまま稲作による食事を、

三毛入野命（みけいりのみこと）は、ミケが食料のことです。

そして神日本磐余彦（かむやまといはれひこ）は、日本の岩を取り除くというお名前です。つまり誰もが飢えることがない世の中にするために、稲作を普及し、そのために悪いものを取り除くために「東に向かおう」とされたわけです。

そして福岡、広島、岡山に長く逗留（とうりゅう）し、そこで稲作を指導し、誰からも喜ばれて、いよいよ畿内に進みます。

ところがそこでいきなり長髄彦（ながすねひこ）による急襲を受けてしまうのです。

4　たびかさなる試練

けれど、いくら襲撃を受けたからといって、相手もまた日（ひ）の御子（みこ）《＝天照大御神の直系の子孫》です。だから「日に向かって戦うのはよくない」と、一行は船に戻って、紀伊半島を南下します。

ところがその途中で長男の五瀬命（いつせのみこと）は手傷が元でお亡くなりになってしまうし、船が熊野灘に至ったときには、大しけに遭って、次男の稲飯命（いないのみこと）、三男の三毛入野命（みけいりのみこと）が相次いで亡くなり、しかも嵐のために船に乗せてあったお米《食料》も全部海に流されてしまったのみならず、部下たちが全員、病に倒れてしまうのです。つまり、もうどうにもならないところにまで、追い詰められてしまうのです。

しかしそういうときにこそ新しい展開が待っているというのが、日本古来の考え方です。困った一行のもとに、高倉下（たかくらじ）が現れて、食料を提供してくれ、しかも神々の御意思ですと、師霊（ふつみたま）の剣（つるぎ）を授かるのです。

剣は戦いのための道具です。師霊（ふつみたま）は神々の声を意味します。その剣を神々から授かったということは、たとえ相手が日の御子であったとしても、それがすでに民にとって悪であるならば、断固戦えということが神々の御意思だということです。

さらに神々から遣（つか）わされた八咫烏（やたがらす）の後を付いて行くと、次々と味方が現れ、ついにそれは軍となって、ついに神武天皇の一行は、長髄彦（ながすねひこ）の大軍を打ち破るのです。

神武天皇の前に引き出された長髄彦は、あくまで自分は神の子であり、自分が生きることが大切だという意見を捨てようとしない。

このため神武天皇は、やむなく長髄彦を殺し、長髄彦の師（ひき）いていた人たちをすべて天皇のもとに帰順させました。この者たちが古代における最大の氏族である物部（もののべ）氏の祖先であると日本書紀は書いています。

要するに日の御子の存在は、どこまでも民衆が安心して暮らせるためにこそあるという神武天皇の姿勢に対し、長髄彦は、天人の子である日の御子の存在そのものが大事であって、民衆はその下に位置するものという考えを捨てようとしなかった、だから殺すしかなかったのだ、と日本書紀は書いているのです。

このことを日本書紀は「不可教以天人之際」と書いています。「天の神と、人の際（きわ）をいくら教えても理解しなかった」という意味です。

5　諸外国と異なる建国の経緯

このことは、日本における天皇のご存在と、諸外国の王朝のあり方の大きな違いでもあります。歴史に登場する諸外国の王は、チャイナなら天帝から天命を授かった皇帝であるし、西欧なら神から王権を授かった者です。そして皇帝や王の命令は、そのまま神の声ですから絶対のものとされ、皇帝や王だけが贅沢な暮らしをして、民衆は単に王や皇帝の所有物にすぎないというのが、世界の歴史です。

けれど日本における天皇は、初代神武天皇の時代から、民衆の幸せこそが大事なのであって、日の御子としての霊統は、そのためにこそ存在する、これこそが神々の御意思であるという考え方です。

このことが初代神武天皇と長髄彦のやり取りの中で明らかにされているのです。それが建国の詔（みことのり）にある「苟有利民（いみじくもたみにりあるとき）」の意味です。

この戦いのあと、神武天皇は橿原の地に「皇都（みやこ）」を造ります。

漢字の意味は「都」が「人々が集いくつろぐところ」で、「皇」が「王の上に立つ人」ですから、「皇都」と書けば、天皇がおわす大都市といった意味になります。けれども我々日本人は、「都」と書いて「みやこ」と読みます。

そして「みや」は、大切なところ、「こ」は倉庫やお蔵のことをいいます。

つまり、大切なお米の全国的な管理をするところが、「みやこ」です。

これを神武天皇は「皇都」とされたのです。

「而今運屬屯蒙《いまはこびたる　わかきくら》」というのは、その「みやこ」のお蔵にお米を運び込む人々のことです。


なぜお米なのかといえば、答えは明確です。

冷蔵庫がなかった時代に、年を越えた長期の保管ができる食料は、お米だけだったからです。日本は天然の災害が多発する国です。毎年台風はやってくるし、何年かおきには必ず大地震がやってきます。そうした国柄にあって、人々が互いに奪い合い、憎しみ合うことはおろかなことです。それよりも「夫大人立制、義必隨時」、つまりみんなが大人になって道理に従う、もっと詰めて言えば、平素からみんなでお米を作って蓄えて、いざ災害というときに備える。幸いなことに我が国は、毎年天然の災害がやってくるとはいえ、それは必ず地域限定で起こります。つまり災害に遭う地域もあれば、遭わない地域もある。日頃からみんなでお米を備蓄していれば、災害に遭った地域に、災害に遭わなかった地域からお米を融通することができます。そしてそれを行うためには、中央にちゃんとした中央管理機構としての「みやこ」が必要になるのです。

こうすることで、日本全国、どこで災害が起きても、地域を越えた助け合いで、みんなが決して飢えることなく、安心して生き残ることができる。

これが我が国の建国の経緯と理念です。

世界中、どこの国にあっても、歴史にある王朝は征服と征圧の歴史です。

けれど天然の災害が多発する我が国では、はじめから助け合うこと、民衆こそを大切な宝とすることが、建国の経緯と理念です。

これは素晴らしいことだと思います。

二　疫病対策を成功させた崇神天皇

1　甚大な被害をもたらした疫病の歴史

武漢コロナが世界中に猛威をふるっていますが、このような大規模な感染症のことを昔は疫病（えきびょう）といいました。疫病には、コロナ以外にも、たとえばペスト、天然痘、コレラ、赤痢、らい病などがあります。人類史を考えるとき、忘れてはならないのがこの疫病の蔓延（まんえん）です。

たとえば14世紀に元が滅んで明になったとき、元の人口はおよそ一億三千万だったものが、およそ三千万人に減っています。その原因が疫病です。人口の八割が失われたのです。この人口の急減によって元は滅んで北方の遊牧生活に帰り、その後に王朝を築いたのが明（みん）王朝です。

歴史は繰り返します。

17世紀には、その明が滅びて、清の大帝国が生まれました。このとき九千万人いた明の人口は疫病でわずか二千四百六十万人にまで減っています。人口の七割が失われたのです。

14世紀のときも、17世紀のときも、これだけの死者が出ると、もはや食料の生産もままならず、生き残った人々は、安全と食べ物を求めて北方に移動して、北方遊牧民の土地を奪います。すると遊牧地を奪われた北方遊牧民たちが怒って中原に攻め込みます。それが新たな王朝が築かれた実際の理由です。

チャイナの歴史はこの繰り返しといえます。これを易姓革命といいます。「天命が革まり、皇帝の姓が易わる」という意味です。大昔はウイルスの存在なんてわかりませんから、それだけ大きな被害が出たとき「きっと天帝がお怒りなのだ」と考える他なかったし、疫病の後に新たな王朝が誕生すれば、それをもって「天命があらたまった」と考える他なかったのです。

そしてこの14世紀、17世紀のどちらにおいても、このチャイナ発の感染は遠くヨーロッパにまで及んでいます。そして疫病は、ヨーロッパで毎度人口の六割を失わせました。有名なヨーロッパの黒死病の流行です。黒死病とはペストのことです。

ところがユーラシア大陸でこれだけ猛威をふるった疫病ですが、日本には感染がほとんど広がっていません。14世紀の疫病のときは日本は南北朝時代ですが、この時代については太平記に詳しく描かれています。しかし、その記述の中に疫病は出てきません。それどころか感染症によって甚大（じんだい）な人口の減少そのものが、まったく発生していません。元の末期頃の時代には、倭寇が大陸の沿岸部に達していたことが歴史に記録されていますから、チャイナと日本は、なんらかの人的交流があったわけですけれど、それでも疫病が日本に達することがなかったのです。

17世紀のときも同じです。当時は江戸時代ですが、江戸時代は鎖国政策をとっていたとはいえ、チャイナとの交易は禁止されていたわけではありません。にもかかわらず日本に疫病の大流行は発生していません。

疫病そのものは、日本でも何度も流行しています。幕末にはコレラも上陸しているし、明治時代にはスペイン風邪の流行もありました。また赤痢の上陸もあります。けれど日本では、記録がしっかりとされるようになった古代以降、様々な疫病の流行はあったけれど、せいぜい十万人程度の被害拡大までで、それ以上に、大陸やヨーロッパのように人口の六割とか七割が失われるような、致命的な大流行は発生していません。このことは今回のコロナウイルスにあたっても、欧米やチャイナなどの流行に比べて、日本の被害が圧倒的に少ないことにも伺うことができます。

ではなぜ日本では、重大な感染症があまり広がらずに済んでいるのでしょうか。

実は、いまから二千五百年前に、まさにこの感染症の大流行によって日本の人口の半数以上が失われたときがあったのです。これは令和元年（２０１９年）に東大の研究チームが明らかにしたことで、日本人のＤＮＡの研究によって明らかにされたことですが、いまからおよそ二千五百年前、つまり縄文時代と弥生時代の端境期に、二十六万人あった日本の人口が、突然八万人にまで減少していたことが明らかになりました。このことについて古事記は「人民尽きなむ」と書いていますし、日本書紀は「民衆の半分以上が亡くなった」と記録しています。このことがＤＮＡの研究によって、あらためて明らかにされたわけです。

東大の研究チームは人口減少の理由を、「寒冷化のためではないか」と推測していますけれど、寒冷化が進めば稲作は困難になります。弥生時代はむしろ稲作が奨励された時代ですから、その理由には、無理があるといえます。そして古事記、日本書紀を読むと、この事態が、第十代崇神天皇の時代の記述と一致するのです。

２　記紀に描かれた疫病被害

記紀によれば、この時代に国内で疫病が流行り、人口の大半が失われたため、埋葬も間に合わず、病死体がそこら中に転がって腐臭を発し、さらにその遺体にハエがたかってウジがわき、遺体は皮膚の下のウジのために、もぞもぞと動いているような様子になったとされます。遺体にたかったハエや鳥などがさらに病原菌をはこび、ますます死者が出るようになるわけです。

このときの疫病が何であったのかはわかりません。コレラだったのか、赤痢だったのか、ペストだったのか。いずれにしても、これらの感染症がウイルスによって引き起こされることが明らかになったのは20世紀になってからのことです。紀元前においては、これは神々の怒り（いか）りとしか認識されなかったことでしょう。

事態に苦慮された崇神（すじん）天皇は、真剣に神々に祈り、対策のための知恵を授かろうと努力を重ねられました。ところが神社というのは、全国に数限りなくあるわけです《いまでも全国におよそ十五万社あります》。それぞれの神社が「ああしたほうが良い、こうしたほうが良い」と様々な提案をしてくれるのは良いのですが、あまりに数が多くて収拾がつかない。そこで崇神天皇は、全国の神社を、天社（あまつやしろ）、国社（くにつやしろ）、神地（かむどころ）、神戸（かむべ）という四段階に分け、それぞれの神社を地域ごとに系列化することで、情報を整理しようとされました。

まず中央には朝廷があります。そのすぐ下に、全国の地方ごとに天社（あまつやしろ）が置かれました。これは後の官幣大社のようなものです。伊勢神宮や、出雲大社、新潟の弥彦神社などがこれにあたります。

その下にあるのが国社（くにつやしろ）で、これはいわば県庁のようなものです。神地（かむどころ）が市町村役場、神戸（かむべ）が町内単位の氏神様（うじがみさま）です。

そして国社、神地、神戸には、それぞれ神社が任命されました。所属する人たちは、月に一度、定期的に神社に集まります。あるいはなにか問題が起きたら、やはり神社に集まって協議します。そしてこのとき全国の神社の作法として定着したのが、手水（てみず）の作法です。手水は穢（けがれ）を祓（はら）うものですから、崇神天皇よりももっとずっと古い昔からあったものかもしれません。けれどそれが全国的に徹底されたのは、疫病対策に心を砕かれたまさに崇神天皇の時代からです。

この時代、まだ仏教は伝来していませんから、人々が集う場所はもっぱら神社だけになります。その神社の境内に入るときには、必ず手を洗って口をゆすぐ。するとみるみるうちに感染症が沈静化し、民衆の暮らしに平穏が戻ったと記紀は記述しています。

3　たいせつな手水舎の教え

この手水の作法は、全国の神社に手水舎（ちょうずしゃ）として設営されることになりましたし、また手を洗ったり口をゆすぐ習慣は、各家庭にも普及しています。日本人がおもしろいと思うのは、各家に設置する手水場に、竹でできた仕掛けを作って「ししおどし」などに仕立てていることです。「ししおどし」というのは、よく日本庭園などで見かける水が貯まると「コーン」と音を立てる、あの仕掛けです。こんなところにも、何でも楽しさに変えてしまう日本人の特徴がよく現れていると思います。

以来二千五百年、日本では手洗いの習慣がごく一般的かつ日常的なものとして定着したし、外から帰ったら口をゆすぐことも常識行動として行われるようになりました。いまでも少し古い料理屋さんやお蕎麦屋さんなどに行きますと、入り口のすぐ脇に、小さな手水場があつらえてあるお店を見ることができます。食事の前には手を洗うということが常識化されていたわけです。

もっとも戦後はなんでもかんでもアメリカナイズされて、料亭がレストランと名前が変わり、店の入口にあるはずの手水場は、店内のトイレと一体化した「お手洗い」になってしまいました。けれど食事の際の手洗いがトイレの水場というのは、いまいち多くの日本人には納得できず、結果としてオシボリで手を拭くという習慣に至っています。いずれにせよ、日本人の手洗いの習慣は、二千五百年の歴史があるし、その歴史のおかげで、多くの日本人が感染症から身を護ることができてきたということは事実であろうと思います。

ちなみに感染症対策という意味では、他にも礼法があります。日本にはハグや握手の習慣がなく、代わりに互いに畳一畳分（約一・八メートル）の間隔を空けて礼をするという作法になっています。一・八メートルという距離は、互いの唾液が相手にかからない距離でもあります。

お風呂に入るという習慣もまた同じです。もちろん日本が高温多湿の国で、お風呂に入らないと体がベタベタになってしまうということもありますが、常に清潔を心がけることは、これまた感染症対策になっているわけです。室内の拭き掃除もまた同じです。

そしてこれらの対策のためには、きれいな水の確保がなによりたいせつです。水は地下水を井戸で汲み出すという方法もありますが、たとえば江戸の場合であれば、地下水は塩水になってしまうため、神田上水や玉川上水など、川の水を地下に潜らせて井戸に水を補給するという方法が採られていました。つまり川の水は人々の飲み水にもなるわけで、そのため川にゴミを捨てるとか、田んぼにゴミを捨てるなどということは、まったくもって考えもつかないほど、衛生環境への高い意識が養われていたのです。いまでも日本人は海水浴場や公園などでもゴミは捨てずに持ち帰る習慣がありますが、そうした意識も二千五百年の伝統の中から育（はぐく）まれたものであるわけです。

二千五百年前の崇神天皇は、こうして伝染病の抑止を図られた結果、後に「御肇国天皇（はつくにしらすすめらみこと）」

と呼ばれるようになりました。初代神武天皇が「やまとの神といわれた男《かむやまといわれひこ》」なら、崇神天皇は「はじめて国の形を整えた天皇」というわけです。そしてその整えられた形というのが、まさに手水の作法であったわけです。

4 ほろびない国であることの大切さ

こうした伝統が、いまなおしっかりと日本に息づいているのは、日本がその後一度も他国によって蹂躙（じゅうりん）されることなく、古くからの伝統がしっかりと定着してきたことによります。けれど残念なことに、戦後の日本では、こうした古くからの日本の伝統が失われ、物を大切にしない、あるいは河川の堤防などにゴミを捨てない、あるいは人の集まるところでは必ず手を洗うなどの習慣が失われました。とりわけ戦後に日本に入ってきて日本の政財界などにパラサイトした人たちの多くには、もとの国の習俗として、トイレで大をしたあとでも手を洗わないという習慣をいまだに持っている人たちが多くあります。疫病の感染者の多くはそういう人たちであるという、これは噂ですが、高温多湿の日本に住むなら、最低限の衛生対策は常識として持っていただきたいものだと思います。

天然の災害対策も、疫病対策も、それが起きてから対策をとるのでは遅いのです。災害も疫病も、何年かおきには必ず起こるものなのですから、平素から、その対策のために、あらゆる手段を講じて予防に努めていく必要があります。日頃から対策に勤めることは、社会的には無駄と思われることかもしれません。しかし被害が起きてから、人の命が奪われてからでは取り返しがつかないのです。コロナの問題は、ある意味「無駄を排した効率社会」から、「多少無駄と思われても安全と安心を優先する」という社会への変化を起こしています。これは大切な神々からの教えであるのかもしれません。

三　神功皇后の三韓征伐と栲衾の国

1　意味のないことで騒ぐ

「栲衾（たくぶすま）」というのは、かつて朝鮮半島にあった新羅国（しらぎのくに）にかかる枕詞（まくらことば）です。本来は旧字で「栲衾」と書きます。

意味は「栲（たく）」という字が、木偏を手偏に変えると拷問の「拷」という字になることでもあきらかなように、ものを叩くという意味、「衾（ふすま）」は古語では布団のことです。寝室で静かに寝ていたいときに、布団を意味もなくバンバンと叩かれたら、おちおち寝てもいられないことから、「栲衾」は、意味のないことで騒ぎ立てることを意味する言葉です。いまでも国会で、本来国会で審議するような事柄でもないことに、執拗に「ソーリ、ソーリ」と声を荒げる人たちがいますが、まさにそのような人たちのことを古語で「栲衾（たくぶすま）」と呼んだわけです。

「栲衾」という用語は、日本書紀では巻第八の仲哀（ちゅうあい）天皇紀に、神がかりになった神功（じんぐう）皇后の言葉として登場します。これが万葉集になると、巻十四、十五に、いずれも栲衾新羅国と、新羅の国の枕詞（まくらことば）として登場しています。古代の人達は、「栲衾」という言葉を悪意を持って用いたのではなく、現実が栲衾であったとしても、それを暖（あたた）かな笑いや思いに変えて用いていることは、日本文学のまさに格調の高さであるといえます。

2　不思議なお告げ

日本書紀の記述もたいへんおもしろいものです。仲哀天皇が熊襲（くまそ）征伐を行おうとしたとき、神功皇后が神がかりになって、次の御神託を告げたと書かれています。

「熊襲（を征伐する）よりも、もっと宝となる国がある。それはたとえば乙女が瞳（ひとみ）《睩》

を輝かせて見るような、津の向こう側にある国である。目が輝くような黄金、銀、そして麗しい色彩にあふれる栲衾新羅国である。」

《原文：愈茲国而有宝国、譬如処女之睩、有向津国（睩、此云麻用弭枳）、眼炎之金・銀・彩色、多在其国、是謂栲衾新羅国》

ここでは新羅が黄金、銀、そして麗しい色彩にあふれる国であるという御神託になっているのですが、現実にはこの時代の新羅は、黄金も銀も産出せず、むしろそれらの産出は日本本土のほうがはるかに豊富だったたし、色彩にしても染料の関係から日本はカラフルな色彩のある着衣のみならず、すでに色彩豊かに模様が描かれた衣装を着ていましたし、建物の彩色も豊かでしたが、新羅にはそれらはありません。新羅は極めて貧しい国であったから、他所の国に平気で攻め込んで強盗を度々働く国であったわけです。

ですから御神託も「栲衾の新羅の国」と、ちゃんとウルサイばかりの国だと述べています。にもかかわらず、御神託は新羅があたかも金銀財宝に彩られた国であるというのです。ですから仲哀天皇も、天皇の側近の朝廷の高官たちも、御神託の真意（神意）がわからない。意味不明なのです。

だから仲哀天皇は、新羅征伐をしないで九州の熊襲征伐を実施するために、都を出発されます。ところが都を出て少し行ったところで、仲哀天皇はにわかに具合が悪くなって、病にたおれ、そのまま崩御してしまわれるのです。

喪にふされた神功皇后は、そのときすでに妊娠六ヶ月の身重だったけれど、御神託を実施することを決意なさいます。そして、まるで軍船がそのまま山に登ってしまうのではないかと思われるほどの疾風迅雷で兵を動かし、新羅に攻め込みます。

新羅の王は、その様子に驚いてすぐに降参すると、その年から倭国（いまの日本）への朝貢を誓うのです。そしてこの新羅の様子を観ていた隣国の百済と高句麗も、同様に倭国への朝貢を誓います。これが有名な、神功皇后の三韓征伐です。

それにしても、このときの御神託の意味はどこにあったのでしょうか。

3　お告げがもたらした千八百年間の平和

実は、3世紀初頭という、新羅がまだ未成熟で国力も弱かった時代に、我が国が半島の三国を傘下におさめたことが、実はその後の半島に、チャイナの王朝とは別な国を存続させる原因となりました。

歴史を振り返ってみると、日本がチャイナの王朝から直接軍事的脅威を受けたのは、半島がモンゴルの一部になった元の大帝国の時代だけです。

このときにあったのが、元寇です。

しかしそれ以外、神功皇后のおわした3世紀から、現代の21世紀に至るおよそ千八百年間、日本はチャイナからの軍事侵攻を受けていません。

大陸においては、隣国というのは歴史を通じて常に軍事的脅威の相手でした。それは、隣国と仲良くしていた時代など、そもそも存在しないといっても良いほどのものです。ですから隣国の脅威を少しでも取り除こうとするなら、隣国を征服し征圧するか、それができないなら、そのもう一つ向こう側にある国と結んで、隣国をいわば「はさみ撃ち」状態に置くことで、隣国の脅威を取り除きます。これを「遠交近攻（えんこうきんこう）」といいますが、つまり、半島に独立国があることが、結果として、我が国を大陸の大国から直接的な軍事的脅威を取り除く仕掛けとなるわけです。

そしてこのことが、神功皇后以後、千八百年にわたって我が国をチャイナの歴代王朝から守ってきた大きな原因となっているわけです。その意味で神功皇后の功績は、千八百年以上にわたって日本を守ってきた、極めて大きな功績といえます。

4　現代をどうみるか

さて、その朝鮮半島は、戦後に北と南に分裂しました。ということは、チャイナと直接国境を接する北朝鮮の軍事的脅威を取り除くためには、基本的外交戦略としては、常に北と南が軍事的緊張関係にあることが大事となります。北と南が敵対関係にあって、相互ににらみ合いの状態にあれば、中共にとっては半島による軍事的脅威を減少させることができるからです。

ところが戦後に起きたもう一つの大きな変化として、チャイナの海軍力の増強があります。海上の国境線で見るならば、中共から見た日本は、東シナ海で国境を接する国、ということになります。つまり海上の国境線でみるならば、日本はチャイナの隣国、という位置づけになるのです。

するとどういうことになるかというと、日本は中共にとって、（海上で）国境を接する敵国という扱いになります。その海上を奪う、あるいは海上の覇権を確立して中共の国力を増強するためには、簡単に言えば日本の西日本が日本から分裂して中共の傘下に組み込まれることが、中共にとって好ましい国家戦略となります。

その手始めが琉球の独立運動です。もしかすると大阪都構想も、このうちであるかもしれません。大阪都構想については、もちろん大阪市と大阪府と両方が同じ行政をしているなら、行政府が二つある意味はないのだから、両者をくっつけて、一つの行政区画にしてしまおうという意味であるという論があることは承知しています。しかしそれならば、単に大阪市を廃止して、大阪府に組み込んでしまえば良いだけのことであって、大阪を「都（みやこ）」にする必要はありません。そもそも我が国では、天皇の御在所のあるところが都（みやこ）であって、京都と東京には皇居がありますが、大阪にはありません。

こうなると大阪都構想というのは、大阪市と大阪府の合併によって行政の無駄をなくすという動きだけでなく、この動きを利用して陰に天皇の御存在を否定し、さらには西日本を中華人民共和国の東海省にしてしまおうという悪意のもとに、裏で大きなお金が動いているのではないかという意図が見え隠れしてしまうわけです。別の名目を立てて自己に有利な方向に誘導するというのは、スパイ工作の常道ですが、国防意識や日本人としての自覚と誇りを失ったいまの日本では、簡単にこの手の悪意がまかり通ってしまいます。

ではなぜ我が国が国家戦略を持つことができないのかといえば、それは日本人が日本人としての自覚と誇りを持たないからです。どうして日本に住み、日本人としての平和の恩恵を受けていながら自覚も誇りも持てないのかといえば、日本人がしっかりとした歴史認識を持たないからです。そしてしっかりとした歴史認識というのは、そもそも国の成り立ちから始まる国家意識に基づく国民精神によって育成されるものです。

つまり日本がよみがえるためには、日本人自身が、国の成り立ちから始まる国家意識に基づく国民精神をあらためて取り戻していかなければならないということです。

一方、日本が中共の一部になったら、日本人にはどのような運命が待っているのかは、現在のチベットやウイグル、内モンゴルがその証明をしています。

私たちがどのような未来を築くのか、子や孫たちに、どのような未来を残していくのか。その選択は、いまを生きている私たち自身にかかっています。

四　仁徳天皇が築いた国際国家日本

1　二年分のお米の備蓄

第十六代の仁徳天皇といえば、民のカマドの煙の逸話で、偉大な天皇として有名な御存在です。ところがその仁徳天皇、天皇に御即位されたときの評判は必ずしも良くなかったのです。

なぜかというと、いまでもそうですが、天皇の御即位となると、恩赦（おんしゃ）といって、罪人の罪が一等軽くなったりします。でもそれって、メリットを受けることができるのは罪人たちだけなのでしょうか。実はそうではないのです。古代において、天皇が御即位されるたびに、遷都が行われたことは皆様よくご存知の通りです。実はこの遷都が、いまでいう公共工事のようなもので、農閑期に公共工事のために農家の旦那が働きに出ると、当時はまだ貨幣経済がありませんから、代わりに一週間働いたら絹一反などの報酬がもらえたのです。すると、いつも麻の服しか着ていないウチの女房や娘たちに、絹の着物の一つや二つを作ってやることができる。これは夫にとって、あるいは兄にとって、とても誇らしくて嬉しいことです。つまり遷都は、天皇の御即位のお祝いという意味に加えて、民衆への富の還元の意味があったのです。

ところが御即位されたばかりの仁徳天皇は、この遷都を行わない。ですから当時の気分としては、

「なんだよ、今度の新天皇は、ケチな天皇だなあ」
などと陰口されてしまったわけです。

しかしこの時期、実際には凶作続きで、庶民の間に生活の余裕がありません。そこで「民のカマドの煙」の話になるわけです。「貧すれば鈍する」です。はじめのうちは民衆は、自分の生活（食べていくこと）に追われていますから、まるでありがたみを感じなかったわけです。そこへもってきて遷都の公共工事もないから不満も出ます。

ところが御即位された仁徳天皇は、向こう三年間の税を免除したのみならず、さらに三年免除期間を延長されました。幸いなことに、この六年間、豊作が続きました。民衆の間にもようやく笑顔が戻りました。生活にもゆとりがでるようになりました。でも実はそれだけではなかったのです。

実は、この六年間の税の免除によって、民衆に二年分の食料の備蓄が生まれるのです。計算してみたらわかりますが、備蓄ゼロからはじめて二年分のお米の備蓄ができるまでには六年かかります。そしてその後に仁徳天皇は、朝廷の空になったお蔵にも、食料の備蓄を開始されます。

２　災害に備える

二年分のお米の備蓄ということは、これはいまの人たちには、解説を加えないと、理由がわからないかもしれません。そもそも天然の災害が多発する日本において、いざというときの食料の備蓄がどれだけ大切なものかは、自給自足経済を前提に考えたら、これはすぐにご理解いただけることと思います。冷蔵庫がなかった時代において、常温で二年以上の備蓄に耐える食料は、お米しかありません。ですから今年収穫した新米や、去年穫(と)れた古米は、基本的に保管しておくべきものであって、食べるものではなかったのです。なぜなら新米や古米は、いざ災害というときのために常時保管しておくことが、古い昔からの常識だったからです。

ですから昔は、新米と古々米では、新米のほうが値段が安かったものでした。なぜなら市場に新米が出てくるということは、よほどお金に困って、売り急いだお米であるわけです。その分、新米は仕入れ価格が下がりますから、市場価格も古々米よりも安くなったからです。

それでも新米は、買う人があまりいなかったと言います。それくらい、いざというときのための用心を、日頃からしっかりと行うことが我が国の常識とされていたのです。

ちなみにこうした状況は、昭和44年に食管法が改正されるまで続きました。改正までは、市中に出回るのは、標準価格米と呼ばれた古々米でした。ところが当時、スーパーが新たな市場を形成していた時代で、食品類を安く売りたいスーパーでは、値段が安くて味の良い新米を売りたい。そこで政府にはたらきかけて食管法が改正になったのですが、おかげで当時、古々米や古米が大量に余ってしまって、その責任を政府に問うなどといったことが行われたりもしたほどです。

災害対策というのは、災害が起きてから「たいへんだ、たいへんだ」と騒ぐことではありません。日本は全国どこであっても、必ず自然災害に遭うことがある国なのですから、日頃から災害発生時のためのあらゆる備えをしておくことは当然のことといえます。このことは経済効率重視の立場からみると、一見すると無駄なことに見えます。なぜなら経済効率重視というのは、災害を予定しない、つまりあくまで平時を前提に効率性が求められるものだからです。早い話、火事がなければ消防署は不要なものでしかありません。街の一等地に消防署があること自体が無駄なことに見えてしまいます。それなら消防署を郊外に移転させ、その一等地に大規模な商業施設でも作ったほうが経済効率が良くなります。けれど万一の火災が発生したとき、頼りになるのは、まさに近場にある、その消防署なのです。災害対策はこれと同じです。実際に大規模災害が起きたときには、食料の備蓄があるかないかは、被災者の人たちにとって死活問題です。

３　災害対策によって豊かになった日本

仁徳天皇の六年の非課税措置は、民衆の間で空になった米蔵が、ちゃんと二年分蓄えられるまでの期間です。そして民衆の間に食料の備蓄ができ、朝廷のお蔵にも備蓄食料が、たっぷりと整えられた後、仁徳天皇が何をはじめられたのかといえば、それが大規模な土木工事です。大阪から堺にかけての広大な湿地帯を埋め立てて広大な農地《水田地帯》を築き、そのために奈良に秩父湖という、日本最初のダム湖も建設されました。さらに他にも、難波の堀江の開削工事の推進、茨田堤（まんだのつつみ）《大阪府寝屋川市付近》の築造（日本最初の大規模土木事業）、山背（やましろ）の栗隈県（くるくまのあがた）《京都府城陽市西北〜久世郡久御山町》の灌漑用水の築造、茨田屯倉（まむたのみやけ）の設立、和珥池（わにのいけ）《奈良市》の築造、横野堤（よこののつつみ）《大阪市生野区》の築造、灌漑用水としての感玖大溝（こむくのおおみぞ）《大阪府南河内郡河南町付近》の掘削による広大な田地の開拓等々、仁徳天皇の活躍は、まるで土木天皇といってもよいほどのものでした。

さらに仁徳天皇御即位五十八年には、呉国が朝貢をしてきたとの記録もあります《日本書紀：五十八年夏五月（中略）冬十月、呉国高麗国並朝貢》。呉は中国の江南にあった国で、三国志に出てくる魏呉蜀の、呉です。

この呉国の朝貢には伏線があります。仁徳天皇の父の応神天皇の即位三十七年目のときのことです。日本は呉国に縫工女を求めるために阿知使主と都加使主を派遣しました。二人は朝鮮半島を北上して高句麗に至り、そこで呉国への案内を高句麗王に依頼して道案内を付けてもらって呉国に至りました。このとき呉王は倭国からの使者をたいへんによろこび、縫工女の兄媛、弟媛、呉織・穴織という四人の婦女を与えてくれました。倭国の使者はその女性たちを連れ帰りました。この時代、呉から見た日本は東の海上に浮かぶ蓬莱山と呼ばれる、この世の天国のような国とされていました。日本にやってきた女性たちも、日本での生活がとても気に入り、この情報が呉国にももたらされました。

こうして仁徳天皇即位五十八年目には、呉が国をあげて日本に朝貢してくることになったのです。その背景には、当時の日本の大繁栄があったことはいうまでもありません。

呉は、昔から絹織物の一大産地でしたから、呉の技術を日本が受け入れたことは、日本にとっても上質な絹織物を生産するきっかけになりました。ずっと後年になりますが、明治維新後の日本、また先の大戦後の日本の経済復興において、絹織物の技術は、日本経済立て直しの起爆剤でした。歴史はつながっているのです。

五　雄略天皇による古代日本の建て直し

１　よろしく攻め伐って天罰をくだせ

チャイナに隋が建国されたのが５８１年、次いで唐が建国されたのが６１８年です。隋ができる前までのチャイナは五胡十六国時代から南北朝時代で、国内が戦乱に明け暮れていました。統一王朝はなく、国の内部で殺し合いばかりをしていたわけですから、日本としては（あたりまえのことですが）関わらないのが一番で、その間の日本は平和な時代を過ごすことができました。

この時代の日本は倭国（わこく）と呼ばれた時代です。倭国の領土は朝鮮半島の南部に及びました。いまの韓国があったエリアの南部が伽倻（かや）といって倭国の直轄地、その北側に百済、新羅、高句麗の三国がありました。この三国は、いずれも倭国への朝貢国でした。

そのような情勢にあった第二十一代雄略（ゆうりゃく）天皇の時代のことです。雄略天皇が即位されて八年目のとき、高句麗が突然、新羅に攻め込みました。新羅は任那（みまな）日本府に助けを求めました。任那日本府は援軍を送って高句麗を討ち破りました。

事態が明らかになったのは、この後のことです。任那日本府からの報告を聞かれた雄略天皇は、これはおかしいと気が付かれるのです。そして調査したところ、そもそも高句麗が新羅を攻めたことには、無理もないと思われる理由があったことがわかりました。なんと新羅は、高句麗が倭国に派遣しようとしていた朝貢（ちょうこう）の使者を襲撃し、その朝貢使の持ち物を奪うという事件を起こしていたのです。高句麗が怒るのは当然のことです。つまり任那日本府が追うべきは、高句麗の軍ではなく、新羅の軍であったわけです。

昔も今も日本人はお人好しです。追われた新羅が大汗をかいて助けを求めてきたというだけで、任那日本府は兵を出して、追ってきた高句麗を打ち破ってしまったのです。高句麗にしてみれば、それこそ驚きです。泥棒を追いかけたら、その泥棒が警察に逃げ込んで、追ってきた被害者のほうが逮捕されたようなものだからです。もちろん高句麗はもとより倭国と争う意思などありませんから、任那日本府の兵を前に退散したのです。

こうした事情が明らかになり、雄略天皇は紀小弓宿禰と蘇我韓子宿禰を呼んで、次のように詔されました。

「新羅はこれまで朝貢をしていたのに、朕が即位してからは対馬を奪おうとしたり、高句麗のわが国への朝貢の邪魔をし、あるいは百済の城を奪い、わが国への朝貢さえも怠っている。

狼の子のように人に慣れ従わず、ともすれば危害を加える心を持っており、飽食すれば離れ、飢えれば寄ってくる。よろしく攻め伐って天罰をくだせ。」

（原文：新羅自居西土累葉稱臣朝聘無違貢職允濟。逮乎朕之王天下投身対馬之外鼠跡匝羅之表阻高麗之貢呑百済之城。況復朝聘既闕貢職莫脩。狼子野心飽飛飢附。以汝四卿拝為大将宜以王師薄伐、天罰龔行。）

こうして宿禰らは進軍し、またたく間に新羅を討ち破りました。それが5世紀、つまりいまから千六百年前の出来事です。

2　不正をただす

実はこれと同じことが、戦前の大陸でも起きています。もともとチャイナでは清国の時代、社会の上層階級が女真族（満人）、次が漢人、その下が諸蛮とされました。ですから半島人は、もちろん漢人よりも下の階層です。ところが日韓併合によって半島人は日本人となりました。当時の日本は欧米に比肩する世界の一等国です。大陸にいた半島人の一部は、自分たちは日本人であると、突然、威張りはじめたのです。そして女真人や漢人の家を襲って財物を奪ったり、婦女子を強姦するなどの事件を頻発させました。怒った女真人や漢人が半島人を追いかけると、彼らは日本軍の兵舎に、

「ウリたちは日本人だ。襲われている。助けてくれ」と逃げ込んだのです。

当時は半島の人達は日本人ですから、日本軍は半島人をかくまい、追いかけてきた女真人や漢人を追い払いました。このことが結果として、どれだけ日本が女真人や漢人から恨みを買うことになったか。

古代も同じです。任那日本府はあった事実をちゃんと中央に報告しました。報告は義務だし、目の前に争いがあれば、それを鎮めるのは日本府の役割だからですし、日本人は真面目ですから、あった事実をあったままにちゃんと報告を行っているのです。

けれどその報告の内容は「争いを鎮めました」でした。能のない上司なら、その報告を受けて「そうか」で終わったかもしれません。けれど雄略天皇は違いました。「なぜか」と問うたのです。そして「高句麗が新羅を攻めたのは、高句麗のわが国に対する朝貢の使者を新羅に奪われ殺されたという原因が先にあった」ことを突きとめられたのです。

それどころか、調べてみれば新羅国は、今回の高句麗との事件のみならず、倭国の直轄領である対馬を勝手に奪おうとしたり《いまの韓国による竹島占領に似ています》、あるいは百済の城を強奪し《韓国企業による日本企業への嫌がらせや妨害工作にも似ています》、わが国への朝貢さえも怠っているといった事実が次々と判明するわけです。それはまさに「狼の子のように人に慣れ従わず、ともすれば危害を加える心を持っており、飽食すれば離れ、飢えれば寄ってくる」というものでした。

もともと倭国は、その建国の理由から、災害などで困ったことがあれば、互いに助け合おうということを建国の精神とする国です。ですから新羅に困ったことがあれば、倭国はこれを助けます。けれどだからといって不正を放置して良いことにはなりません。だから雄略天皇は二人の将軍を呼んで、「よろしく攻め伐って天罰をくだせ」とお命じになられたのです。

3　人質

雄略天皇というお名前は、奈良時代にあとから付けられた漢風諡号（かんぷうしごう）です。和名は「大泊瀬稚武天皇（おほはつせのわかたけるのすめらみこと）」といいます。

「大」は偉大な。

「泊瀬」は、雄略天皇の都が置かれた長谷（はつせ）。

「稚」は禾偏（のぎへん）が稲穂で、隹が小さなスズメの象形で「小さな稲穂」。

「武」は「たける」で、竹のように真っ直ぐにすることを意味します。

つまり大泊瀬稚武天皇というお名前は、

「長谷の宮で、小さな稲穂たちのために、世の中の歪（ゆが）みをまっすぐに立て直された偉大な天皇」というお名前です。

さて、こうした経験を経て、倭国は三国に対し、国王の跡取（あとと）り息子、つまり王子を倭国に人質として提供することを求めました。跡取り息子を人質に出すことで、「我が王国は決して裏切りません」という意思表示をさせることにしたのです。悪さをすれば国王の跡取り息子の王子が殺される。すると王国は跡継ぎがいなくなりますから次の代には滅んでなくなることになるわけです。

一方、人質となった王子は、朝貢先の国（この場合は倭国）で、父である国王が逝去するまでとどまります。わかりやすくいえば保育園から小学校、中学校、高校、大学、就職、結婚、サラリーマン生活まで、ずっと倭国ですごすわけです。そして倭国の女性と結ばれて、次の王子を倭国で産みます。王が亡くなると、王子は次の国王として自分の国に帰り、倭国で倭人女性との間に生まれた子が、王子として、倭国に残ります。こうすることで、王族の血が倭人とまじり、また倭国の文化の影響を強く受けることで、互いに争いをなくそうという、これは古代における倭国が編み出した画期的なシステムです。

このシステムは、そのまま平氏や源氏といった武士団に受け継がれ、なぜかモンゴルにまで受け継がれて元（げん）の大帝国の基幹システムとなり、その後のユーラシア大陸内のすべての王国に応用されていきました。

この応用例の一つが、西洋の王国にあった近衛兵です。あのきらびやかな近衛兵……ベルばら好きの人なら、オスカルが隊長を務めていた王様付きの軍団……というのは、実は貴族の跡取り息子たちです。貴族が外地に出征するとき、その貴族の子が王宮で人質として近衛兵になっているのです。もし貴族が敵に寝返れば、その息子が公開処刑されるというシステムです。

昨今の半島系の学者のなかには、そうではなくて逆に倭国が半島の三国に従属していたのだと強弁する人がいます。しかし残念ながら、我が国の歴代天皇の中に、半島に皇太子を人質に出した天皇はひとりもいません。ちなみに後年、強大なモンゴルが当時の半島を征していた高麗(こうらい)を属国にしたとき、高麗王は、大喜びで息子をモンゴルに人質として送り込み、モンゴル族の女性を王子の妻に迎えています。

4　高句麗の行った自立自存

雄略天皇の時代以降、百済と新羅は、ずっとこの人質を倭国に出すようになりました。一方、自分が悪くないのに任那日本府に攻められた高句麗は、これを承知せず、倭国の属国から離れて、独立国を営むようになりました。これは倭国側でも、やむを得ないこととして承認されています。いまの北朝鮮にあたる高句麗は、倭国に朝貢するにはどうしても新羅の領土を通らなければならない。それはとても危険なことであったからです。

こうして倭国から離れた高句麗は、独立国として自立自存の道を歩み始めました。そして自立のためにと、国内の軍事力を徹底強化していきました。なにしろ保護してくれる国がないのです。しかもチャイナに隣接している。国が強兵でなければ、またたく間に国が滅んでしまう。

こうして高句麗は軍事強国への道を歩み始めました。そこに6世紀の終わり、隋の大帝国ができあがるわけです。隋は、隣国である高句麗に何度も攻め込みました。けれどそのたびに高句麗の猛烈な反撃にあって敗退を繰り返します。これによって隋は国力を疲弊させ、あっという間に滅んでしまいました。

新たに生まれた唐は、隋の失敗を間近に観ています。ですから高句麗のひとつ向こう側にある新羅に近づき、高句麗をはさみ撃ちにしようとしました。これが中国古来の「遠交近攻（えんこうきんこう）戦略」です。唐からみて、高句麗の向こう側には百済（くだら）と新羅（しらぎ）がありましたが、百済は義理堅い国で倭国を裏切るようなことは決してしてしまいません。一方、新羅は目の前の利益にしか興味がない国ですから、「一緒に百済を滅ぼそう、百済が滅んだらその領地は新羅にあげるよ」と持ちかければ、イチコロであったわけです。

こうして新羅と同盟を結んだ唐は、百済に大軍を送り、百済を滅ぼしてしまいます。この戦いを行ったのは唐の軍隊です。ただし表向きはあくまで新羅と百済の喧嘩(けんか)ということにしました。なぜなら唐が高句麗の反対側を狙っているとなれば、高句麗と倭国、百済が手を結んで、唐のそのたくらみを水泡にしてしまう可能性があったからです。

これが我が国では第三十五代斉明(さいめい)天皇の時代です。百済は滅び、倭国は百済復興のためにと半島に兵を送ります。ところが三年戦って気がつけば、戦いはいつも倭国と唐軍が行っています。百済も新羅も、いつのまにか他人事で知らぬ顔を決め込んでいる。これでは何のために半島で戦っているのかわかりませんから、もう戦うのは止めようということになって、倭国は唐と話し合って半島から兵を全部撤収することを決めます。このとき半島における倭国の直轄領を含めた権益一切も放棄することにしました。つまり、もう関わりたくなかったのです。先の大戦の終戦のとき、日本が半島の権益をすべてそっくり放棄したこととまったく同じです。まさに歴史は繰り返すのです。

兵の撤収のため、倭国は兵を白村江に集結させ、そこから日本への帰還船に兵たちを乗船させました。兵たちが「ああ、やっと戦が終わったね」と、鎧(よろい)や兜(かぶと)を脱ぎ捨てて、船で酒盛りをはじめたら、いきなり和船に向けて火矢が打ちかけられてきました。倭軍は、慌てて出港しますが、五万の兵のうちの一万を失うことになりました。犯人はおそらく新羅であろうといわれています。これが世に言う白村江事件です。この事件を「白村江の戦い」と呼び、あたかも正々堂々とした倭国軍と新羅軍の衝突であるかのように見せかけているのは「歴史の偽装」です。

「歴史の偽装」といえば、ぜんぜん時代が異なりますが、秀吉の朝鮮征伐のとき、当時の李氏朝鮮が「鉄甲船を用いて木造の倭国軍の船を蹴散らした」という「話」があります。ただのファンタジーなのですが、このファンタジーを信じ込んだコリアの人が、実際に絵に描かれた鉄甲船を復元して作ってみたら、船が重すぎて前に進まない。仕方がないので、一度海に浮かべただけで、あとは陸上展示しています。

話を戻します。半島南部からこうして百済と倭国を払った唐は、ついに高句麗をはさみ撃ちして滅ぼしてしまいます。これで半島は唐の直轄地に近い状態になるのですが、新羅は、唐の本国に土下座外交を繰り広げるかたわら、半島内で唐の兵たちにあらゆるいやがらせを行い続けます。人間というのは、大きなことは問題視しやすいのですが、みみっちい嫌がらせは、割と問題にしにくい。新羅に派遣された唐の将軍は度々（たびたび）そのことを唐の皇帝に上申するのだけれど、皇帝は身近にいる新羅の使者が常に平身低頭して、唐の皇帝をご尊敬申し上げているので「まさか、そんなことはあるまい」と将軍の上申を相手にしない。結局、いたたまれなくなった唐の将軍が、なんやかやと理由をつけて半島から引き上げてしまったことで、ついに新羅は半島の支配者となるわけです。

こうして新羅はまさに漁夫の利で、半島全域を手に入れました。ただし手に入れて大きな顔をしたのは、元新羅の王族だけでのことで、元百済の住民、元高句麗の住民、半島南部の元倭国直轄地の倭人たちの身分は奴隷となり、あらゆる収奪が行われるようになりました。これが5世紀から7世紀にかけての日本と半島の関わりの歴史です。

ただし、半島に新羅国という独立国があることで、我が国はチャイナの遠交近攻戦略上、チャイナからみて「交わるべき国」という位置づけになりました。おかげで我が国は、その後長くチャイナの歴代王朝からの直接的な脅威に遭わずに済んでいます。遭ったのは、半島が元の直接支配地となった時代の元寇だけとなったわけです。

5　雄略天皇の御心とは

雄略天皇は、古代日本において、ときに鬼神とも形容（けいよう）できるような厳（きび）しい御働（おはたら）きをされた天皇です。それがときに行き過ぎであったこともありました。そのときは皇后から「あなた、やりすぎですよ」とたしなめられるのですが、そのとき日頃厳しい雄略天皇が、「ありがたいことだ。貴い人は、私の心も民の心もよく知っている」とおっしゃられたと日本書紀に書かれています。意図して心を鬼にして国の正常化を図られようとされていた雄略天皇の御心の一端（いったん）を知る逸話（いつわ）であろうと思います。

その雄略天皇は、崩御召される直前に、遺書を遺されています。

「朕がこれまで大悪天皇とまで形容されながら、厳しく取締を行ってきたのは、すべて百姓（おほみたから）のためである。」

「臣下が毎日朝廷に出仕するのは、すべて百姓（おほみたから）のためである。」

「社会的立場としては君臣であっても、情（こころ）においては父子（おやこ）である。」

「内外の心を歓（よろこ）ばせ、天下を永く安（やすらか）にして、楽しい国にすることは、人の世の常分（つねのことわり）である。」と。

我が国は、神話の時代から「よろこびあふれる楽しい国《豈国(あにくに)》を目指してきた国です。そこに歪(ゆが)みが生じたなら、できるだけ短期間に、これを是正する。そのために素戔嗚命(すさのをのみこと)は高天原であえて泥をかぶられたのですし、雄略天皇も泥をかぶって、世を正していかれたのです。後年の人が大泊瀬稚武天皇(おほはせのわかたけのすめらのみこと)を「雄略天皇《おおしくて知略に長(た)けた天皇》」と形容した理由です。

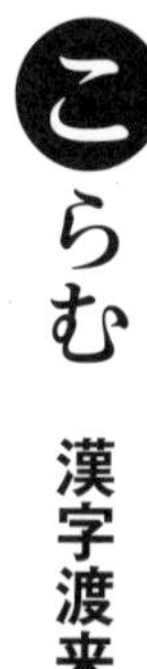

漢字渡来の嘘

1　漢字は部品でできている

現代の常識の一つに「漢字は中国から渡来した」というものがあります。果たして本当にそうでしょうか。そもそも漢字はどこでどのように生まれたのでしょうか。漢字はいくつかの絵文字《象形文字》が組み合わされてできている文字です。ということは漢字が生まれる以前に絵文字《象形文字》が完全に成立していなければなりません。その絵文字は、どこでどのように生まれたのでしょうか。

中国で漢字を統一文字として採用したのは秦の始皇帝です。それまでの中国では、各王朝ごとに異なる文字が使われていました。これでは秦による統一国家の運営ができないということで、始皇帝は漢字を共通文字に使用しました。その始皇帝が用いたのが漢字の篆書体（てんしょたい）です。いまでも開運印などで用いられています。

ところがこれが非常に書きにくいものであったために、秦の書記官たちによって隷書体（れいしょたい）が生み出されました。これがいまの漢字に発展しています。要するに篆書（てんしょ）から隷書（れいしょ）が生まれ、それがいまにつたわる漢字になったわけです。

では、もとになったとされる篆書はどのように生まれたのでしょうか。篆書のもとになった文字は、甲骨文字（こうこつもじ）であるといわれています。甲骨文字は、まるでホツマ文字そっくりですが、違うのは、いくつかの記号を組み合わせてできていることです。

たとえば「見」という字は甲骨文字ですと左のようになります。

図1　見る

上の部分が「目」の象形であることは一目みたらわかると思います。では下の部分は何からできているのでしょうか。実はこれは不明とされています。要するに甲骨文字は、すでに会意文字（二つ以上の異なる意味を持つ記号を組み合わせてできた文字）になっているわけです。なんでもそうですが、部品がなければ製品は決して生まれません。では「もとになる部品」は、どこでどのように生まれたのでしょうか。

２　阿比留草文字

ここにおもしろい文字があります。阿比留草文字と呼ばれるものです。日本の神代文字の一つです。神代文字はいまの学会では江戸時代の贋作だと言われていますが、不思議なことに源義経や菅原道真といった江戸時代以前の人たちが奉納した弊紙に神代文字が用いられています。ということは、神代文字は江戸時代以前の日本に「あった」ということです。

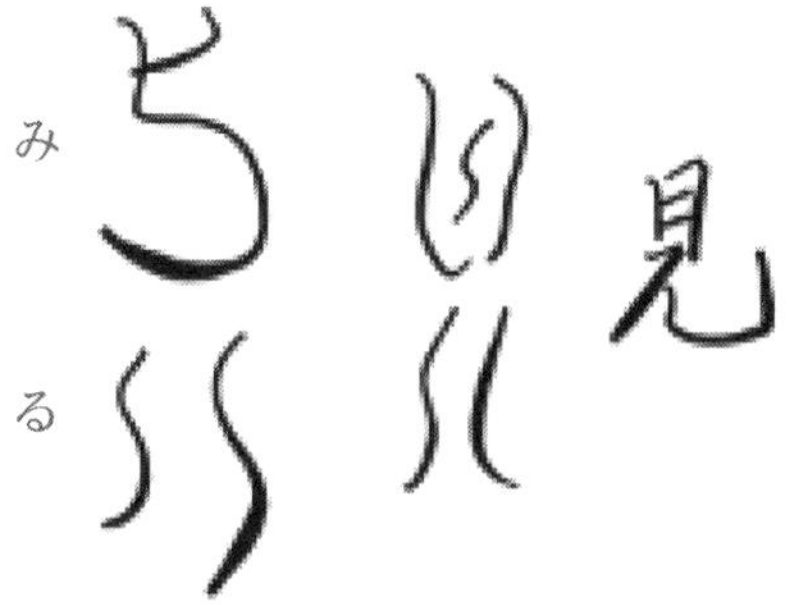

図２　見る

我が国は高温多湿の国ですから、紙も木簡も長期間の保存に耐えません。ですから何百年ごとに、新たに書写しなければなりません。つまりお伊勢様の式年遷宮と同じで、更新することで長く伝えるという仕組みが大昔からあったわけです。その意味で、いま見ることができる神代文字で書かれた書が江戸時代の書写であったとしても何の不思議もないわけです。

さて、その阿比留草文字を使って先程の「見」という字を書いてみます。「見」は音読みは「ケン」ですが、訓読

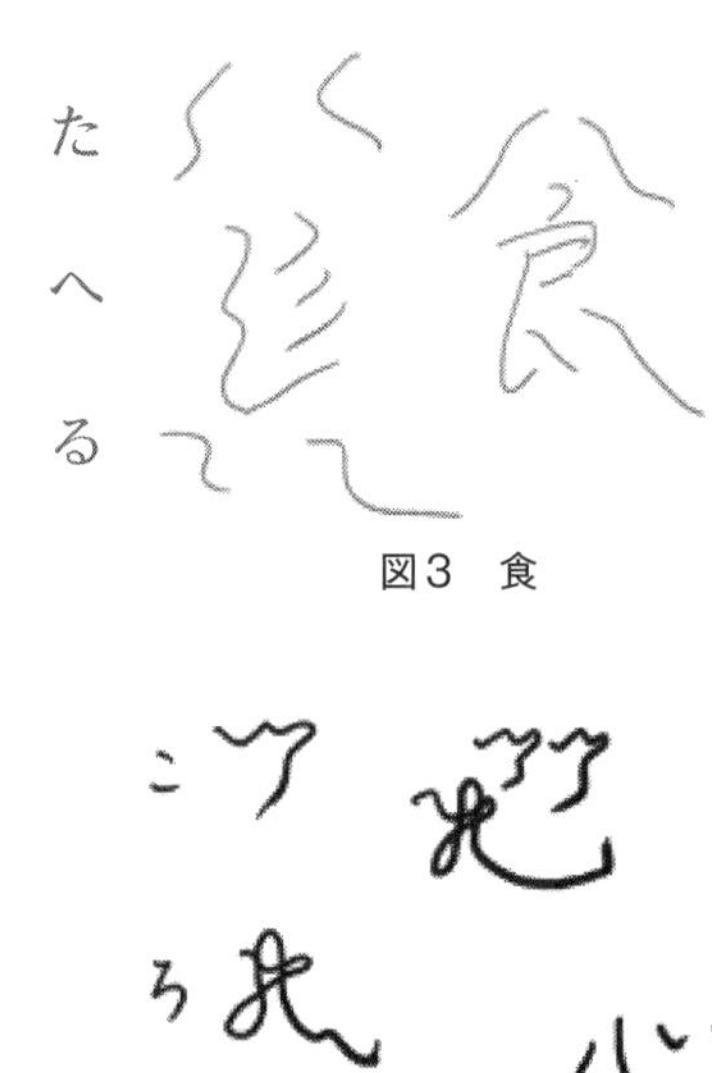

図3　食

図4　心

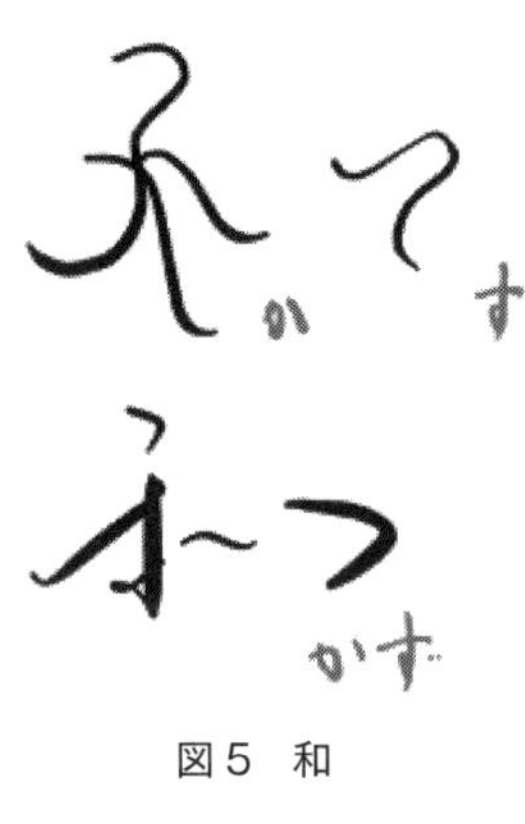

図5　和

みは「みる」です。そこで阿比留草文字で「みる」と書いてみます。すると上にある甲骨文字の「見」よりも、はるかに説得力のある「見」の原型が浮かび上がります。

先程も書きましたように、秦が文字を統一するまでは、様々な文字が使われていたのです。したがって古い時代の甲骨文字として中国で発見された文字が、そのまま漢字になったかは、もともと疑問視されてきたのです。なにせ甲骨文字は、漢字の篆書体とも、まったく違う形をしているからです。

漢字の原型が甲骨文字と呼ばれる亀甲文字、鹿骨文字から来ていることは疑いがないとされます。しかしどの甲骨文字が漢字の原型になったのかは、現段階では不明とされています。

ところが実におもしろいのです。この阿比留草文字を使って次に「たへる」と縦書きで書いてみます。すると図3のようになります。

あら不思議。「食」という漢字になってしまいます。

次にに「こころ」と書いてみます。すると図4のようになります。

平和の「和」という漢字は、訓読みが「かず」です。そこで阿比留草文字を使って「かす」と書いてみます。

あら不思議。漢字の「和」になってしまいました。

3　漢字は異なる記号の組み合わせ文字

我が国の神代文字は、いずれももともとは鹿骨占いや亀甲占いにおけるヒビ割れのパターンの象形から生まれたと言われています。亀の甲羅(こうら)や鹿の骨を焼いたときにできるヒビ割れをパターン化し、それぞれに意味を持たせたのです。このヒビ割れのパターンのそれぞれに音を当ててできたのが神代文字です。ちなみに我が国の神代文字には大きく別けて二つのパターンがあります。一つが、ひび割れのパターンそのものを表したものです。けれど縦に割れた、横に割れた、ジグザグに割れたというだけでは意味がわかりませんから、もう一つ、その意味を記号化した神代文字が生まれました。これがホツマ文字とかカタカムナといった意味が記号化された文字です。この両者を合わせて、我が国には現在わかっているだけでも、全国に三百くらいの種類の神代文字が遺されています。それら神代文字は、いずれも縦五文字、横十種の五十音で構成されています。これが日本語の五十音の事始めです。パターンごとに意味があり、それぞれに一音が当てられていましたから、日本語は「一字一音一義」とされるのです。

神代文字は、まさにその「一字一音一義」で、たとえば鹿骨占いによって生まれた骨のヒビ割れのパターンが、角の生えた丸のような形をしていれば、それは「れ」と発音されます。「れ」は何かを失う、あるいは水に流すといった意味を持つのだそうで、占いの目的がたとえば「仇討をすべきか」という問で、占い結果が「れ」であるならば、「水に流しなさい」という御神託になるわけです。

文字（記号）と占いがセットになるという文化を持った国では、容易に「一字一音一義」を崩すことはできません。現に日本人は、いまでもカナ文字を使っています。ちなみにカナ文字には、ひらがなとカタカナがありますが、ひらがなが漢字の草書体から生まれたことは皆様御存知の通りですけれど、カタカナが漢字から生まれたという説には、にわかに賛同しかねます。たとえばカタカナの「ア」は、「阿」という字のコザトヘンから生まれたとされていますが、そうした説では不思議なことに「ヘ」もまた「部」のつくりの「阝」から生まれたと解説しています。素人目で見ても、どちらも同じ「阝」の形をしています。「和」から「ワ」が生まれたにしても、どうして下の部分の線がなくなったのか、合理的な説明がつきません。むしろカタカナは、もともと神代文字として使われていた文字を、漢字渡来以後もたいせつな文化として、特に霊（ひ）を受け継ぐのは男性の役割とされてきましたから、男が使う文字はカタカナとされてきたのだと解釈するほうが、はるかに合理的です。

要するに「一字一音一義」で、文字には神聖が宿るとされる国では、容易にそこで用いられている記号を組み合わせて、別な意味にしてしまうということができないのです。では、そうして生まれた記号を輸入した国ではどうでしょうか。

占いと切り離して、単なる記号として輸入しただけなら、記号の組み合わせが普通に行われて何の不思議もありません。「た」と「へ」と「る」と並んだ記号を見せられて、

「これなあに?」

「うん。食べることだよ」と言われれば、まとめて三つの記号を組み合わせて「食」という記号にしてしまう。これはごく自然に起こり得ることです。

漢字は日本に、秦王朝の末期に日本にやってきた徐福、その何百年か後に日本に渡来した秦の始皇帝の末裔の秦氏によって日本に持ち込まれたといわれていま す。持ち込まれた側の日本人にしてみれば、漢字が神代文字の組み合わせとわかれば、それを日本文化に採り入れることに何の不満もありません。まして五十音だけではまかないきれない複雑な意味を、漢字は部品の組み合わせで表示しているのです。東亜諸国で漢字を用いる国は日本以外にもありますが、漢字にその国の言語による読み方、つまり「訓読み」を与えているのは、日本だけです。これは漢字がもともと日本の神代文字からできていたものであったのなら、ごく自然にそうなるといえるものです。

4　漢字渡来の嘘

ちなみにお隣の半島では、百済からの仏教伝来の際に「日本に文字（漢字）を教えてやった」としているそうです。しかしそれは大きな間違いです。日本書紀によれば、それ以前に百済が日本の朝廷の高官に賄賂を贈ることで、朝鮮半島の南部にあった伽倻（かや）の地を勝手に百済の領土に組み込んでしまったことが記録されています。百済は日本の属国です。その百済の行動に天皇が激怒されたことを知った百済の王は、なんとか倭国のご機嫌を取り結ぼうと、唐の国の高僧や仏教の経典、仏像などを日本の朝廷に寄進したのです。本来なら自国の産物を上納するところ、他所の国の僧や仏典を日本に送ったということは、百済には倭国の高官が喜ぶようなものが何もなかったということでもあります。ですから日本に漢字を「教えてやった」などと、おこがましいにも程がある、この百済によるゴマスリが行われたのが５３８年のことで、いつの間にかこれが仏教公伝とされていますが、それほどまでに百済が進んだ文明を持っていた強国であったのなら、どうして百済はその後わずか百年少々で滅んでしまったのでしょうか。

5　日本独自の漢字の使用

一方、この百済崩壊に際して、日本側にも大きな事件が起こりました。それが百済復興のための救援軍です。この戦いには倭国から半島へ五万の軍勢が送り込まれました。当時の日本の人口は約四百万人です。人口比で言ったら、いまの日本で百六十万人の若い男子を半島に送り込んだようなものです。この人口は、いまの中学一～三年生までの男子全員と同じ規模になります。それだけの兵を半島に送り込んで、倭国はおよそ三年善戦し、最後に十八万の唐と新羅の連合軍に敗退してしまったのです。当時、このことがどれだけ我が国に深刻な事態であったかは容易に想像できようかと思います。

戦いに敗れても、国は維持しなければなりません。このために我が国においても文字の統一が行われることになりました。そこで用いられたのが、日本で生まれて秦国で育った漢字の使用です。こうして古事記も日本書紀も漢字で記述されることになりました。

ちなみに日本書紀が漢文で書かれていますが、たとえば日本書紀にある有名な言葉「以和為貴（和をもって貴しとなす）」は、中国人には意味不明です。なぜかというと、中国語で「和」というのは「君と僕」というときの接続詞の「と」を意味する漢字だからです。そして「貴」は値段や身分が高いことを意味します。したがって「以和為貴」は「値段の高い接続詞」という意味になってしまい、何のことやらさっぱり意味がわからなくなります。これはいってみれば、歴史書をローマ字で書いたようなもので、それを英米人に読めと言われても、皆目意味が不明です。

一方、我が国では、意図して文が漢字で書かれることによって、各地の方言の違いを越えてその意味するものが明確に相手に伝わるというメリットが生まれます。要するに日本書紀は、漢字を使って日本語の記述がなされているのです。

こうしたことができたのは、当時の人たちにとって、漢字は我が国の神代文字の変形という認識があったからにほかなりません。つまり日本人は、外来文化としての漢字を受け入れたのではなくて、日本生まれで後に発達した漢字を合理的に用いたのです。

第章

日本の基礎を築いた中世日本

一　人口の三分の一が渡来人だった平安初期

1　歴史の再現性

平安文化といえば、源氏物語の紫式部や枕草子の清少納言など数々の女流歌人が輩出され、我が国が平和と繁栄を実現した、文化の香り高い、たいへん素晴らしい時代であったとされています。我が国の黄金の時代、平和と繁栄、そして美学と安定を実現した時代でもあります。ところが近年その平安時代について、貴族ばかりが贅沢三昧の食事と暮らしをし、一般庶民はお米のご飯も食べられずにヒエやアワばかりを食べていたとしている教科書がありますす。少し考えたら誰にでもわかることですが、もし貴族がそのような豪奢な食事を毎日続けていたら高脂血症で死んでしまいますし、民衆がそのような食事ばかりなら栄養不足でとっくの昔に日本から民衆がいなくなって日本は滅んでいます。つまりそれらの記述には論理的整合性がないということです。論理的整合性がなければ、当然歴史の再現性もありません。そして再現性がないのなら、そのような考察は科学的でない。科学的でないなら、それは歴史の名に値しません。

実際にはどうであったかというと、飛鳥から奈良時代にかけて我が国では民衆こそが「おほみたから」とされ、災害や飢饉のときには、国をあげて人々が助け合うという社会が形成され、誰もがその時代のなかにあって豊かで安定した生活が行われるようになり、だからこそその余力を駆って新田の開発が進められ、平安時代にはその新田の開墾百姓たちが、武士として次の新時代を開くまでに成長しているのです。

だいたい新田の開墾というのは、森や林の木を切り倒せば田んぼができるというものではありません。平地を拓くのも、測量をして水路を敷くのも、いずれも高いレベルの計算・計画能力が必要です。つまりそれだけ民間が高いレベルにあったからこそ、それらを実現できたのです。

２　蓬莱山の国、扶桑の国

平安時代は延暦13年（７９４年）から文治元年（１１９２年）まで、およそ四百年の歴史を持ちます。そしてその四百年間、我が国では平和と安定と繁栄が継続しています。まさに東亜に咲いた一輪の楽園のような国となったし、だからこそ当時の日本は東洋社会にあって蓬莱山（ほうらいさん）の国とか、扶桑（ふそう）の国と呼ばれていたのです。蓬莱山とは神仙の住む理想の国であり、中国の古書には「海中の神山にして有道のものにあらずんば到る能はず」と書かれています。そして『唐書』には「蓬莱は日本に在り」と書いています。どれだけ日本が理想国家とみなされていたかということです。

また扶桑国は、中国の『山海経』に「東方の果てにあり、太陽が毎朝若々しく再生してくる扶桑樹という大樹のある国」のことであり、これまた神仙の住む理想国家のことを言います。我が国では嘉保元年（１０９４年）に比叡山僧であった皇円が『扶桑略記』という史書を著していますが、これは我が国の歴史を書いたものです。

3　新撰姓氏録といまの日本

それだけ理想とされた日本であったわけですが、平安初期に書かれた『新撰姓氏録』を見ると、なんと畿内の豪族の三分の一が渡来系、つまり外国からやってきた家系であったとされています。『新撰姓氏録』は、平安初期の弘仁6年（８１５年）に嵯峨天皇の詔によって編纂された古代の氏族名鑑で、畿内のおよそ千二百の豪族たちの出自について、詳しく調査した書です。それぞれの豪族を皇別、神別、蛮夷の三つに分類して、その由緒を精査した書です。皇別は天皇の血筋、神別は八百万の神々の血筋、蛮夷は帰化人です。そしておもしろいことに、この三つは、ちょうど三分の一ずつを構成しています。

ということは、すこし極端に言えば、平安時代の初期には日本の人口のおよそ三分の一が渡来系の外国人であったということです。その渡来人たちが、帰るところを日本に化えたから、これを帰化人と言います。それだけ多くの外国からの渡来系の人を抱えながら、日本は四百年にわたる平和と安定の時代を築いているのです。

いまの日本は、一億二千万の人口のうち、外国人は数％にも満たない数です。ところがそんな外国人による犯罪は後を立たず、一部の外国人に至っては工作資金に物を言わせて不逞行為を働き、国内に強い影響力を持つ者までいるといいます。人口の数％の外国人によって日本が乗っ取られたようになっている現代日本と、人口の三分の一が外国人でありながら、日本的な文化が爛熟した日本、この違いはどこにあるのでしょうか。

その答えが「日本とはどのような国柄の国家であるのか」という国家の基本認識にあります。日本は天然の災害が多発する国です。台風は毎年やってくるし、その都度、大規模な水害をもたらします。また何年に一度は火山の噴火があるし、地震は毎年やってきて、何十年かに一度は大地震に至ります。けれども不思議なことに、それらの災害は、必ず地域限定で起こるものです。そうであれば、日頃から食べ物を貯蔵し、災害で困った地域があれば、その地域を被災しなかった人々で助ける。助けられた側は、その恩を、今度は別な地域が被災したときに応援することで恩返しをしていく。こうすることで日本全国が一つ屋根の下で暮らす家族となって、互いに助け合っていく。自分さえ良ければということではなく、助け合いそのものを国の形とする。そうすることで、誰もが安心して暮らすことができる日本になる。このことを、歴史を通じて描き出したのが奈良時代のはじめに誕生した日本書紀(にほんしょき)です。その日本書紀は、完成の翌年から貴族の子女の教科書として使われるようになり、そこで育った貴族の子女が長じて地方に赴任し、それぞれの地方の豪族たちの教育を行いました。つまり日本は、教育によって国家が形成された国であったわけです。これは素晴らしいことだと思います。

4　黄金の国ジパング

日本書紀は、我が国の成り立ちから、歴代天皇がどのようにして日本という国を築いてきたのか、そして数々の難局にあたって、それをどのようにして乗り越えてきたのかが、わかりやすいストーリー仕立てで学べるように工夫して書かれています。その日本書紀を通じて人々は、日本とはどのような国であるか、日本人であるということはどういうことなのか、また、この災害の多発する日本に住み暮らすためには何が必要なのかを学んでいったのです。これにより、たとえ血筋が外国人であったとしても、日本人であること、日本人に同化することこそが幸せなことであり、もっというなら、みずから進んで日本人化することこそが、自分自身にとっても幸せなことという常識が渡来系の人たちにも理解されたし、だからこそ彼らは帰るところを日本に化（か）えて帰化人となったのです。

もしかすると……の話ですが、平安初期の時代の超絶美女といえば小野小町（おののこまち）が有名です。その小野小町は、もともと秋田の名家である小野氏の出ですが、この時代の秋田は日本海をはさんだ向こう側にある渤海（ぼっかい）国と金（GOLD）での交易を盛んに行っていました。当時のウラジオストクは、渤海国の東京龍原府と呼ばれる港町でしたが、そこには遠くオスマンの大帝国の商人たちが多数やってきていました。いわゆるシルクロード商人です。オスマン帝国の土地は砂漠地帯なので、砂漠に落雷があるとそこにガラスができます。そのガラスを集めてガラス製品を作り、これを交易の材料にしていたわけです。

一方日本は金（GOLD）を多く産出しました。この時代はまだ貨幣経済が未発達でしたし、砂金は東北地方の川ではいくらでも取れるただの金色の粉です。ところがその粉を東京龍原府まで持っていくと、中東商人にとっては、一生遊んで暮らせるほどの黄金と自分たちのガラス製品を交換できる。日本人は日本で産出しないガラス製品が手に入る。つまり相互にメリットがあったわけです。

当然のことながら、なかには日本にまでやってきて、日本に住み着いた中東の人もいたことでしょう。もちろんその逆も多数あったと思います。不思議なことにトルコ美人と秋田美人の顔立ちは良く似ていると言われていますが、もしかするとそれは倭人の血に中東系の血が混じることによって生まれた超絶美女であったのかもしれません。

その小野小町が詠んだ歌です。

思ひつつ寝ぬれば人の見えつらむ
夢と知りせばさめざらましを

うたたねに恋しき人を見てしより

夢てふものはたのみそめてき

うつつにはさもこそあらめ夢にさへ
人めをもると見るがわびしさ

かぎりなき思ひのままに夜も来む
夢路をさへに人はとがめじ

たいせつな人をおもう、その心に、洋の東西も国境もありません。民族の違いもありません。たいせつな人を「おもう」という、その心を、この時代の日本人は「愛」と呼びました。愛は、全てに通じます。人を愛することができる人は、国も愛せるし、世界をも愛することができます。なぜなら小野小町自身、日本を愛し、あるいは日本の文化を愛し、そして人を愛する女性であったからです。ただ見た目が美しいだけではないのです。文化の薫り高い、中身のある女性であったのです。だから小野小町は本邦最高の美女とされたし、後世の人々から愛され続けました。

小野小町が中東系の血筋を実際に持っていたかどうかは別として、たとえ出自がどのようなものであれ、つまり外国からの帰化人であったり、その二世、三世であったとしても、よりよいものを共有し、よりよい文化の一員となって同化したいと思って誰もが行動する社会の一員として同化するなら、それはもはや日本人です。

なぜそうと言えるかといえば、その正反対である、憎しみや恨み、あるいは文化の否定、ないしは実際にはありもしないファンタジーや軽蔑、軽侮、支配と隷属の上下関係などを軸にすれば、女流歌人による文化花咲く平安時代など、起こしたくても起こらないものであったことでしょう。あるいはその時代を後世から観たとき、あまりにも軽薄でつまらない時代であり人々となっていたことでしょう。おそらくは歴史に残ることもなかったのではないでしょうか。

昨今の日本は、そのような国になってはいないでしょうか。わずか数%の人たちの、ありもしない恨みとファンタジーによって、多くの日本人が日本を見失うのでは困りものです。

だからこそいま日本書紀が重要です。

二　日本書紀、万葉集が編纂された理由

1　持統天皇という偉大な存在

みなさんが《仮に男性であっても》女性であったとします。祖父は偉大な人物で、民衆が豊かに安全に安心して暮らせる国こそが我が国の本来の姿であると、逆境の中にあっても堂々と主張をした人でした。父は、そんな祖父の御心を実現しようと、権力を壟断(ろうだん)する者を斬り伏せ、国内の大改革を実現した人でした。結婚した夫は、そんな父の理想を実現するためにと、大きな戦いを行なった人でした。けれど、そんな夫も、若くして急逝してしまいます。

あなたは、夫の志を継ぐことにしました。みなさんなら、そのとき、どのような国づくりを目指すでしょうか。

次の三つから、これと思うものを選んでみてください。

㈠悪者を片端から逮捕投獄殺害して、平和な国を目指す。
㈡すべての政治権力を独占して、反対派を許さない体制を目指す。
㈢教育と文化の普及促進によって、争いのない平和な社会の実現を目指す。

その女性が選択したのは㈢でした。敵対する者も多くありました。女のくせに、という人もいました。けれどそれらを力でねじ伏せるのではなく、生涯を賭けて自ら率先して正しい道を選択しようとしたのです。そしてそのために選んだ方向が、いまに続く日本の形、教育と文化による日本立国です。そしてその女性こそ、いまから千三百年前に皇位に就かれた持統(じとう)天皇です。

持統天皇というお名前は、後の世に付けられた漢風諡号(しごう)です。ご生前は鸕野讃良姫(うののさららのひめの)天皇(すめらのみこと)と言いました。そして崩御後の諡(おくりな)が、高天原廣野姫天皇(たかあまのはらひろののひめのすめらみこと)です。日本書紀全三十巻を通じて描かれる歴代天皇の中で、諡号(しごう)に「高天原」の文字が使われている天皇は持統天皇だけです。つまり持統天皇は、まさに神とも呼べる偉大な女性天皇であられたということです。なぜ偉大なのか。その理由(わけ)こそ、現代に続く教育と文化の国日本を築かれた天皇であったからです。

２　日本書紀と万葉集

持統天皇の偉業は数々あります。しかしとりわけ、
㈠教育のための日本書紀の編纂
㈡文化としての万葉集の編纂
の二つは重要です。

日本書紀は史書です。史書はその国のアイデンティティを形成します。アイデンティティとは、現代日本語に訳したら「国民精神」とも言い換えることができます。日本とはいかなる国か、そして我が国で生きるということはどういうことなのか。そのために、ご先祖たちがどのような苦労を重ねてきたのか。こうした過去の事実を学ぶことで、日本人としての国民精神、すなわちアイデンティティが形成されます。

しかしそうしたアイデンティティが、一部の人たちだけのものであってはなりません。それ自体が、国全体に一般化したものでなければならない。そこで新たな文化の創造として編纂されたのが「万葉集」です。

万葉集に掲載された歌は、皇族や貴族や、いまでいう文化人のような人たちの歌ばかりで

はありません。一般庶民の歌や、ごく普通の主婦の歌、若い娘さんの歌などが掲載されてます。日本全国誰もが、男女や身分の上下を問わず、歌を通じて高い民度と教養を持つ国にしていく。それが「文化の創造としての万葉集」の役割です。

なるほど日本書紀の編纂を命じたのは天武（てんむ）天皇です。

万葉集の編纂をしたのは、柿本人麻呂です。

けれど天武天皇の時代、天武天皇は国家最高権威です。指示や命令、つまり史書編纂の詔（みことのり）は、最終的には天皇からの詔の形をとりますが、その前に、それを実現していくことに関する細かな計画が行われます。

そして天武天皇の時代に、そうした政治向きの事柄について、全権を担っていたのが皇后（おほきさき）であられた鸕野讚良皇后（うののさらのおほきさき）、つまり後の持統天皇です。

3　日本文化を創造した天皇

持統天皇が皇位にあったのは、持統４年（６９０年）から持統11年（６９７年）までの、わずか七年半です。けれど孫の文武（もんむ）天皇にご譲位の後、わが国初の太上天皇（上皇）となられました。そうすることで再び政治の中心の場に立たれています。

そして、日本書紀や万葉集の編纂のみならず、

・日本という国号の使用
・太上天皇（上皇）という制度の開始
・貨幣制度の開始
・税制の確立
・戸籍の使用
・住所表示のはじまり
・官僚制度の確立
・文書行政の開始
・国家における権威と権力の分離
・お伊勢様の式年遷宮の実施

など、いまの日本の形の基礎を築かれています。

とりわけ日本人の「民族性」にあたるもの……それこそが日本文化そのものですが……は、持統天皇の鋼鉄のような強い意思によって築かれたということができます。７世紀という、世界中がまだ国家の黎明期にあたる時代に、我が国が持統天皇という偉大な女性を戴いたこ

とは、その後千三百年以上に渡り我が国に生まれ育ったすべての人にとって、そしてこの先も何千年と続く日本人にとって、とても幸せなことであったといえます。

さらにいうと、持統天皇の築かれたその日本人の民族性は、エスニック《民族》としての日本ではなく、どこまでもネイション《国家》としての日本であったということもまた、ものすごいことでした。

目指したものがエスニック《民族》であれば、必ず流血の惨事を招きます。なぜかというと、外国からやってきて日本に住む人、あるいは混血の人、あるいは生粋の日本人でも日本人の民族性を否定する人は、日本人といえるのか、という問題を常に抱えるからです。これはつまり日本民族であるかないかの境界線が、とても曖昧であるということです。曖昧なものを決めるためには、必ず最後に流血の惨事が起こるのです。

これに対し、日本的文化を共有する人がネイション《国家》の一員という考え方は、国家の理想を共有しさえすれば、その国の一員とされます。たとえばアメリカは多民族国家ですが、自由と平等、そして合衆国憲法をいただくことを誓った人がアメリカ合衆国というネイションの一員です。だから多民族国家であることができます。

そのアメリカ合衆国が成立したのが1776年、18世紀の出来事です。日本は、それよりも千年以上も昔に、ネイション・ステートを実現したのです。

実際、当時の日本には、百済や新羅や高句麗といった朝鮮半島のみならず、唐の国からも、またもっとはるかに遠い国からも、様々な人たちがやってきていました。持統天皇が崩御されてから百年以上後の時代に書かれた『新撰姓氏録』によれば、その当時の畿内の豪族の三分の一が帰化人です。帰化人とは、帰るところを生まれ育った国ではなく、日本に化(か)えた人という意味です。つまり外国からやってきて日本人となった豪族が三分の一いたわけです。

そうした時代にあって持統天皇が、国家の形を血筋だけではなく、教育と文化の共有によって形成されようとしたことは、その後の日本に極めて大きな、そして素晴らしく良い影響を与えたということができます。なにしろ、日本書紀や万葉集が常識化した平安時代は、およそ四百年にわたって平和と安定が実現し、しかもその間、日本はきわめて高いレベルの文化を保持することができたのです。そしてその影響は、その後に続く武家の時代から、現代の日本にまで強く遺されています。これはとても偉大なことです。

戦後、日本を破壊したい人たちから、持統天皇はまるで強欲な女帝であったかのような言われ方をしてきました。けれどそろそろ日本人は目覚めなければなりません。そしてその目覚めこそが、昭和天皇が終戦の詔勅で語られた、

「誓て国体の精華を発揚し世界の進運に後れさらむことを期すべし」

ということの意味ではないかと思います。

私はブログや講義などを通じて、様々な歴史や古代の文学のご案内をしていますが、その理由は、まさに持統天皇が築いたその時代の産物に、現代の日本をひらく鍵があると考えられるからです。日本がサウスコリアのような独善的国家になりたくないのなら、あるいは中共のような強欲な国になりたくないのなら、我々は民族主義《種族主義》の道を選ぶべきではありません。立派だった先達に学び、過去の良い点と、現在の良い点を組み合わせて、もっとよい社会を築いていく。そこが一番肝心と思うからです。なぜなら未来は創造するものだからです。

持統天皇が目指された道が、まさにそのための道でした。人と人とが殺し合う悲惨を見続けてきた持統天皇は、二度と殺し合いなど起こらない世の中を築くために何ができるだろうかを、生涯をかけて追い求めていかれたのです。そしてそのために、日本書紀の編纂と、その日本書紀に基づく教育の実施、そして一般の庶民の和歌まで掲載した万葉集の編纂による文化の香り高い国づくりが行われました。持統天皇の功績は、まさにそうした教育と文化による、当時にあっての新しい日本の創造であったといえます。

過去の欠点をあげつらうことは、誰にだってできます。けれどそれだけでは、決して新しい未来を開くことはできません。過去に学び、未来を創造する。そこにこそ、大切な本義があるし、そのことを昭和天皇は「世界の進運に後（おく）れさらむことを期すべし」と述べられたのだと思います。

三　万葉集にある「令和」の根拠となった歌

1　初春の歌

はじめに「令和」の根拠となった歌を紹介します。

『万葉集』巻五、梅花の歌三十二首併せて序

初春令月
気淑風和
梅披鏡前之粉
蘭薫珮後之香

（読み下し）

初春は　令き月にして
気は淑くて　風和み
梅披く　鏡前の粉
蘭薫る　珮後の香

（語釈）

令月……「令」は天命を授かる意があり、陰暦2月の異称で、何事をするにもよい月とされる。

気淑……「淑」は、しとやかとかおだやかという意味で、気がおだやか。

梅披……「披」は披露宴などにも用いられる漢字で、訓読みは「ひらく」。

鏡前之粉……「粉」は鏡の前の粉とあるので、この場合女性のお化粧用の白粉のこと。

珮後之香……「珮」は、女性が着物の帯や胸につける飾りの玉。

（現代語訳）

初春となる陰暦の二月は何ごとをするにも良い月です。

気はおだやかで、風も和んでいます。

梅は、女性たちが開いた鏡の前の白粉となって咲き蘭も、帯玉の残り香のように薫っています。

（解説）

この歌は、大伴旅人が太宰府の長官だった天平2年（７３０年）正月13日に、旅人の屋敷で行われた歌会で出詠された歌です。歌の作者は、大伴旅人とも山上憶良ともいわれていますが、はっきりとした特定はされていません。つまり作者不明の歌ということになります。

ここでいうお正月というのは旧暦の正月ですから、いまの新暦でいうと2月の初め頃になります。まだ寒い時期です。その寒い時期に、この歌は「初春令月にして」と歌いだしています。

春の始まりを迎える2月という表現も、これまた旧暦ですから、いまの暦ですと3月の中旬です。ちょうど梅の花が開花する頃になります。その月のことを、歌は「令月」と呼んでいます。

「令」は「りょう」とも読みますが、ひらたくいえば「令月」というのは「良い月」のことです。けれどここでは意図して「良月」と書かずに「令月」と表現しています。ということは「令」に特別な思い入れがありそうです。

その「令」という字は、神々の意思のもとに傅く姿の象形文字です。ですから「令」には、「神々の御意思として」という語感がこめられていることになります。つまり2月（いまの3月）に梅の花が開くのは、神々の素晴らしい御意思なのだ、というわけです。

そして「令月」というのは、古くから「何をするにも良い月」とされてきた月です。つまり「初春の令月」は、「神々の御意思として何をするにもめでたい良い月」といった意味になります。

続く「気淑風和」の「気淑」の「気」は、運気とか大気とかのことです。それが「淑」と書かれています。「淑」という字は、しとやかとかおだやかという意味ですから、「気淑」は、気がおだやかであることを意味します。

「風和」は、そのまま「風、和ぐ」で、それまで冷たい冬の木枯らしだった風が、暖かな心地よい柔らかな風に変わったことを示します。

従って「気淑風和」は、「気はおだやかで、風も和んでいる」といった意味になります。

「梅披鏡前之粉」にある「披」は、披露宴などにも用いられているおなじみの漢字ですが、訓読みは「ひらく」です。つまり「梅披」は、何かを梅がひらいているわけです。そのひらいているものが「鏡前之粉」です。これは鏡の前の粉のことですから、女性が付けるお化粧の粉、つまり白粉のことを意味しています。

従って「梅披鏡前之粉」は、白梅が、まるで女性が鏡を開いて付ける白粉のように開く、つまり「梅が、女性たちが開いた鏡の前の白粉のように、咲きほこっている姿」をあらわします。

「蘭薫珮後之香」は、歌い出しの「蘭薫る」は、わかりやすいと思います。むつかしいのは「珮」という字ですが、これは女性が帯などに付ける匂玉のことです。乾燥させた花などを小さな袋に入れて、その香りを楽しむもので、「においぶくろ」などとも呼ばれます。蘭の花は、いくつもの花が並びますが、美しい女性たちが並んで歩くと、そのあとから「においぶくろ」のやさしい香りがただよう。それはまるで蘭の花の香りが、美しい女性たちが通ったあとに薫るように、やさしく薫っているようだ、と述べているわけです。

以上からこの歌を要約しますと、

「初春となる陰暦の二月は、何ごとをするにもまことに良い月ですなあ。気はおだやかで、風も和(なご)んでいます。梅の花がまるで女性たちが開いた鏡の前の白粉(おしろい)となって咲きほこり、蘭も女性たちの帯玉の残り香りのように薫(かを)っています。まことにおめでたいことです。」

といった内容の歌ということになります。

ちなみにこの歌にある「梅」は、季節は桜よりも少し早い時期にあたります。その梅の花を歌は「白粉(おしろい)」と対比させていますので、この梅は白梅とわかります。

「紅梅」であれば、春爛漫をイメージさせます。

「白梅」であれば、まだ雪が降る日も残る中で春を告げて咲く花、という意味が重なります。冷たい冬の雪は残っているけれど、確実に春の到来を予見させているのが白梅です。ということは、まだまだ冷たい寒い冬は残っているけれど、心機一転、新たな暖かさのある時代に向けて、みんなで和をもって進んでいこうという意思を象徴するのが、白梅です。「令和」は、この歌から「令」と「和」の二字をとった元号です。

冬の寒さは春となり、

おだやかな春の季節に爛漫と咲き誇る花と美しい乙女たち。

そんな春を愛で、なごむ。

まさに春爛漫。

「令和」は、これからの日本の求める姿や方向を、「令」の字で御神意とする見事な元号だと思います。

2　元号のもたらす意味

実は、古事記を学ぶとわかるのですが、天照大御神のお言葉というのは、「〜したい」とか「〜しなさい」という希望や期待、あるいは命令を意味するものではありません。天照大御神は最高神であり、最高神は時空間を超越した御存在ですから、そこで述べられたお言葉は、未来から見た結果や結論であって、期待とは異なるものです。未来は未確定のものですが、それを確定されるのが最高神のお言葉です。ですから、すこしわかりにくいかもしれませんが、たとえば天照大御神が「葦原の中つ国は、我が御子の知らす国ぞ」とおおせになれば、それはその時点における未来に様々な選択肢があるけれど、結果はそのようになる、ということでもあるのです。時空を超越した神様のお言葉というのはそういうものです。これを詔(みことのり)といいます。

そして歴代の天皇は、その天照大御神の直系の御子孫として、天上の神々と直接つながるお役目です。つまり天皇の詔というのは、実はそのまま未来を見通したお言葉ということになります。

その意味からすると、元号は、歴代天皇が決められて下々に示される暦の名であり詔ですから、つまりこれからはじまるその元号年間を一語で結論づけたものということになります。ですから逆に言うと、その元号の年間が終わったあとにその時代を振り返ってみると、なるほどその時代に起きたことは、まさに元号が示したとおりであったことがわかります。

たとえば「明治」というのは、「明るく治(し)らす」と書きます。「治らす」という言葉は、天皇、つまり神々のもとにすべての民が「大御宝(おほみたから)」とされることを意味します。そこで明治を振り返ってみると、世界の有色人種たちが、五百年続いた欧米列強の植民地支配を受けていた中にあって、明治日本は開国し、日清日露を戦って世界に向けて有色人種であっても白人国と対等に戦うことができるのだ、つまり有色人種も人間なのだということを、まさに世界に示した年間となりました。

そして次の元号の「大正」は「おおいなる正義」を意味する元号ですが、振り返ってみると、まさにその大正年間に、第一次世界大戦を戦い、その後に行われたパリ講和会議において、日本は世界に向けて堂々とかつ高らかに「人種の平等」を宣言した時代となりました。これが「おおいなる正義」でなくて、他にどのような正義があるのでしょうか。

続く「昭和」は、「和を昭（あきら）かにする」です。「和」というのは、対等を意味する漢字ですが、まさにこの時代の日本は、大東亜を戦い、国土を焼土にしてまで激しい戦いを繰り広げることで、なんと五百年続いた欧米による世界の植民地支配を終わらせています。有色人種たちは、白人たちから支配し収奪され続けるだけの生活から、一人ひとりが自分や家族の幸せを求めて生きることができるように変化していきました。まさに世界の諸国は肌の色の違いにかかわらず対等に生きることができることがあきらかになった時代となったのです。

「平成」は「平らかに成る」と書きます。その平成年間を振り返りますと、世界の先進諸国が経済成長を遂げる中にあって、経済大国であるはずの日本だけがなぜか横ばいの経済となりました。世界が右肩上がりに成長している中にあって、日本だけが横ばいということは、日本が世界に遅れをとったということであって、実質的な経済の衰退を意味するのだから、この平成年間は、失われた三十年なのだ、という人もいます。

ところがよくよく考えてみますと、経済成長というのは、目に見える財貨の成長と、もう一つ、目に見えない成長があります。居心地の良さとか、美味しさとか、環境の良さなどといったものは、表向きの財貨の経済数字としては出てきませんが、実は人々の生活の向上には欠かすことができないものです。その目に見えない経済成長という面から、平成年間を振り返って見ますと、たしかに三十年前に七百五十円だった定食は、いまも同じ七百五十円ですけれど、中身の味の良さや店内の環境などは、三十年前とは段違いに進歩しています。また自動車も、それぞれの車種ごとに三十年前の装備や性能といまのそれを比較すると、やはり今のほうが格段に良くなっている。同じ三十年間に著しい成長を続けた国よりも、日本の方がはるかに住心地も居心地も良い。平成日本はなんと、表向きの財の成長だけが人々の生活や生きることにとっての豊かさではない、むしろ平静の中にこそ人々の幸せや豊かさがあることを、世界に向けて証明して見せたといえます。

同時にこの平成年間には、豊かさを享受しているはずの大国が、実はその内訳を見ると、国内の上位一％の人たちが、国内の富の五十％を得ていることをも世界の中で明らかにしてしまいました。この上位層と貧困層の割合は、なんとギリシャ・ローマ時代にあった国民の九十五％が奴隷であり、上位の五％の人々の半分が女性であり、支配者である一％の男たちがその国の富を独占していた構造と、実はまったく同じものです。現代は国民が主役の国民国家の時代と言われていますが、このような構造が本当に国民国家といえるものなのか。そんな問題提起がされるようになった時代でもありました。

さて「令和」年間です。

令和は、「和(なご)み令(せ)しむ」年間です。対等を意味する「和(なごみ)」であることが、神様からの命令です。20世紀までの世界は、対立と闘争の世界でした。けれど神々は「対立よりも和、闘争よりも結(ゆ)い」をお望みであることが示されました。そのはじめに起きたのがコロナ騒動です。けれど令和が終わる頃に、令和年間を振り返ると、それはきっと世界が対立と闘争の世界から、人々の和が大切にされる世界へと変わったと、誰もが感じることができるようになっているのだろうと思います。

苦しいこと、つらいこともたくさんあるかと思いますが、明るい未来を信じて、今、この瞬間を生きていく。そこが大事なのだろうと思います。

四　いまこそ大切にしたい日本の国柄

1　迩々芸命のご事績を日本の国の形とされた神武天皇

保守とは、単なる中共や韓国あるいは在日の人たちへの批判ばかりではなく、本来、日本の歴史伝統文化を保持し護ろうとする活動といえます。我が国は神話の昔から和を大切にしてきた国柄を持ち、人々が互いに助け合い協調し合って生きてきました。なぜなら我が国は天然の災害が多発する国土を持ちます。そのなかで誰もが豊かに安全に安心して暮らすなら、平時から災害時に備えて皆で助け合う国つくりをしていかなければなりません。それが初代神武天皇の建国宣言から二千六百八十年続いてきた日本の形です。もっというなら日本で世界最古の磨製石器が我が国で作られた三万年前から、私たちの祖先は災害とともに生きてきた歴史を持ちます。その知恵は語り継がれ、一度も途切れることなく、神話や伝承として人々の間に浸透していきました。

初代天皇である神武天皇の祖先は、天孫降臨の迩々芸命《日本書紀では瓊瓊杵尊》です。その迩々芸命は、天照大御神から「斎庭の稲穂の神勅」をいただいて地上に降臨されました。「斎庭の稲穂の神勅（しんちょく）」は、天照大御神から迩々芸命が、「吾が高天原に作る神聖な田の稲穂を、わが子に授けましょう」と、高天原の稲穂を迩々芸命に授けたというものです。これによって縄文中期には我が国で稲作が始まりました。

ところが稲作はたいへんな作業を伴います。土地を開墾しなければならないし、水路も引かなければならない。水害対策も必要です。さらに種籾（たねもみ）から苗を育て、その苗を水田に植え替え、稲の成長に従って田の水を抜くと、今度は草取りをして稲がよく生育できるように面倒をみなければなりません。いまのような農業機械がなかった時代です。それらはすべて手作業で行われました。そしてここまでして稲を育てても、秋の収穫の前に台風がやってきて大水が出れば、育てた稲がみんな流されてしまうし、堤防を築いてこれを守ったとしても、大風で稲が倒れればお米の収穫ができないのです。災害時には備蓄食料が大切だとわかっていても、人は安楽に流されます。狩猟採集生活は、いわばその日暮らしですが、お父ちゃんが一日三時間も働けば家族を養うに十分な食料を得ることができたのです。もちろん食料の長期備蓄はできないものの、長期にわたる大災害がなければ、それで暮らせるのです。そのうち面倒な稲作は、一部の村以外はあまり行われなくなる。どの村も狩猟採集生活に逆戻りしてしまう。そんな折に二千五百年前、未曾有（みぞう）の大災害が日本を襲ったのです。

その惨状に神武天皇が立ち上がります。そしてあらためて稲作の普及を図るために宮崎を出て、福岡、広島、岡山と、何年もかけて稲作の指導をしていきます。こうして神武天皇の指導を受け入れた九州から瀬戸内の村々は、備蓄米として食料が大増産となり、みるみる生活が回復していきます。

ところが神武天皇が畿内に入ると、そこには飢えた民衆と、民衆から収奪して富を得ている富(とみ)のナカスネ毘古(ひこ)が神武天皇たちに矢を射掛け、これによって神武天皇の兄の五瀬命(いつせのみこと)がお亡くなりになってしまう。事態を重く見た神武天皇は、畿内を巡(めぐ)り、飢えてガリガリにやせ細った人たちを集めて軍を起こします。いよいよ戦いとなったとき、神武天皇が唄った歌が神話にあります。

「戦ったらば腹減った。島で鵜(う)を飼う人々よ、早く食料を持ってきてちょうだいな」という歌です。つまり、稲作によってすでに食料が増産されて多くの備蓄米を持つ広島から岡山にかけての人々に、お米の融通を依頼したのです。

こうして戦いに勝利した神武天皇は、橿原(かしはら)の宮で初代天皇に即位しました。

このときに述べられた言葉が、我が国の建国宣言です。その中に次の言葉があります。

「いざというときには互いに食料を融通しあうことができるように、日本中が一つ屋根の下に暮らす家族のように助け合うことができる国にしていこう。」

原文では、「兼六合以開都掩八紘而為宇（りくごうかねてみやこをひらきやひろをおほひいへとなさらむ）」です。「六合（りくごう）」というのは、東西南北の四方＋上下二方向のことです。要するに天下のことです。「八紘（やひろ）」は、四方八方のことです。いざ災害のとき、広域地域をまたがって、相互に食料の流通ができるようにする。そのために国の中央にあたる橿原の地に都を置き、そこで全国のお米の備蓄と、お米の相互扶助（そうごふじょ）をコントロールしていくのだ、という意味です。これを行うためには、中央政府が常に公正かつ公平で、民衆からの信頼を得ていなければなりません。国家の黎明期に、我が国がこうして災害対策のために、広域にまたがる村落が互いに助け合うことを国の根幹に定めたことは、世界史的に見て、まさしく貴重というべきものです。なぜなら他国では世界中どこでも支配者は単に収奪を行い、異論を持つ者を制圧し粛清するものであったからです。

まだ人口が少なかった時代に、私たちの国が神武天皇《神倭伊波礼毘古命（神倭（やまとのかみ）といわれた毘古（おとこ））》のような得難いトップをいただいたことは、まさに国民にとっての僥倖（ぎょうこう）というべきものです。

2　大水田を誕生させた仁徳天皇

第十六代仁徳天皇は、民のかまどの煙の逸話で有名ですが、日本書紀には仁徳天皇が畿内における大規模な新田開発を行ったことが書かれています。人は食べなければ生きて行けないのです。仁徳天皇は、自分の権力の大きさを自分の墓の大きさで表そうとして御陵を作ったなどと馬鹿げた解説をしている学者がいます。しかし大林組の試算によれば、この御陵を築造するためには、常時三千人の労務作業員と、その作業員のために毎日の食事などを用意する後備えに約三千人、都合六千人が、十五年八ヶ月労働をし続けなければ仁徳天皇陵は完成しません。投下される要員数は、労務作業員だけで延べ六百八十万人にのぼります。その人達の食料は、十五年の間、誰が作っていたのでしょうか。

いま仁徳天皇の御陵がある堺市のあたりは広大な平野の宅地となっていますが、もともとはそこは広大な水田地帯であったところです。そしてその水田地帯の基礎を築いたのが仁徳天皇であったのです。土地開発を行えば、大量の残土が出ます。大型トラックなどなかった時代です。残土は、いい加減に積み上げれば大雨のときに土砂災害の原因になりますから、崩れないよう計画的に盛土していく必要があります。そしてその技術は、実は須佐之男命の時代にさかのぼります。

須佐之男命といえば八俣遠呂智退治で有名ですが、古事記によれば「遠呂智」は当て字であって、これは大和言葉の「おろち」のことであると記されています。「おろち」という用語はいまも使われていて、漢字で書いたら「愚地、落地、悪露地」です。つまり土砂災害に遭いやすい土地のことを言います。須佐之男命は、そんな「おろち」に現れて、堤防を築き人々の生活を護りました。それが何千年前のことなのか、あるいは何万年前のことなのかは、神話として語り継がれた物語ですからわかりません。けれど、そんな大昔から蓄積された土木工事の技術の蓄積が、仁徳天皇の時代に、大規模土地開発として活かされているのです。

そして仁徳天皇は、どこまでも民衆が豊かに暮らせるようにと、税の免除まで行われた。それが日本書紀に書かれている出来事です。

３　仁徳天皇の事績を踏襲された雄略天皇

仁徳天皇のこうした事績は、第二十一代雄略天皇の時代にも活かされています。万葉集の巻一の最初に掲載されているのが、その雄略天皇の御製歌です。そこには次のように書かれています。本稿は歌の解釈が趣旨ではないので、意訳のみをご紹介します。

「新鮮な食べ物の入った竹籠を、可愛い乳飲み子に乳を与える母のように、永く広く私たちの国に与え続けることをわが国の父としてのたいせつな、そして神聖な志にしよう。野山で菜や木の実を採取している男子たちが家でくつろぐように、くつろげる国を築いていこう。巨大で行き届いた、たくさんの人々が往来する大和の国は、果樹の木でできた片開きの神殿に手を合わせて、天皇である私がしっかりと、腰を据えて神々に祈っていこう。国家は主君が素晴らしければ人口が増えて人手も倍になり、みんなのくつろぐ場所も増えていくという。私が神々に捧げる祈りは、わが国で生活する、一人ひとりの男たちや女たちの名です。」

この歌を、雄略天皇が若い女性を口説こうとして、大和の国は俺が所有者だと威張っているかのように解釈している者がありますが馬鹿げたことです。歌が書かれている漢字の意味をしっかりと読み解いたら、そのようなくだらない歌ではないことは一目瞭然です。詳しい歌の解釈は拙著『ねずさんの奇跡の国 日本がわかる万葉集』に書いていますので御覧ください。

雄略天皇が歌で示された「誰もが安心して安全に暮らせる国」ということは、天然の災害の多発する我が国にあって、民衆の暮らしを第一にするという思想です。そしてその思想は、初代神武天皇のご事績、仁徳天皇のご事績をしっかりと踏まえた思想なのです。

４　和の国を打ち出した聖徳太子

聖徳太子の時代は、第三十三代推古（すいこ）天皇の時代です。聖徳太子は十七条憲法を定め、我が国を「和をもって貴しとなす」国にすることを、憲法（いつくしきのり）として発布されました。西暦６０４年のことです。隣国に隋（ずい）という軍事大国が成立し、その圧力が強まる中にあって、これに抗しうる軍事大国を目指すのではなく、我が国を和の国と規定されたのです。その和は、果たして王族や貴族たちだけの中央集権国家体制だけのことを述べた言葉なのでしょうか。違います。官民一体とならなければ、天然の災害の多い我が国は、人々が安心して安全に豊かに暮らすことができないのです。だからこそ官民一体となった「和」を大切にしようと、憲法を発布されています。

５　再び民のカマドの煙を持ち出された舒明天皇

その聖徳太子の血族は、その後の蘇我氏の横暴の前にすべて絶えて行きます。権力と財力を握った蘇我氏は、入鹿が自（みずか）ら「みかど」を名乗るようにさえなりました。そうしたなかにあって第三十四代舒明（じょめい）天皇は、あらためて我が国の形が、心根の良い民衆たちのためにある国であるということを歌にされます。これもまた意訳のみをご紹介します。

「恵みの山と広い原のある大和の国は、村々に山があり、豊かな食べ物に恵まれて人々がよろこび暮らす国です。

天の香具山に登り立って人々の暮らしの様子を見てみると、見下ろした平野部には、民(たみ)の家からカマドの煙がたくさん立ち昇っています。それはまるで果てしなく続く海の波のように、いくつあるのかわからないほどです。

大和の国は、民衆の心が澄んで賢く心根が良くて、おもしろい国です。その大和の国は人と人とが出会い、広がり、また集う美しい国です。」

この歌はたいへんに有名な歌で、特に最後の方は、「美(うま)し国」などと訳されて紹介されているため、あたかもこの歌が風光明媚な大和盆地の景色を詠んだ歌であるかのような誤解を与えていますが、原文は「怜𪫧国(うましくに)」です。「怜」は、神々の前でかしずく心、「𪫧」は感動する心を意味する漢字です。カマドから煙をあげている民衆が、豊かに安全に安心して暮らせるからこそ、人々は素直な心、感動する心を保持して生きることができるのです。そのことを舒明天皇は「うまし国ぞ」と詠んでいます。

そしてこの歌に詠まれた「煙立龍(けぶりたちたつ)」は、カマドの煙がまるで龍のように立ち昇っている様子をあらわします。舒明天皇は、仁徳天皇の民のカマドの煙の逸話を、たいせつな我が国の心として、あらためてお示しになられているわけです。

６　天智天皇・天武天皇

その舒明天皇の皇子が、後に天智天皇、天武天皇となる中大兄皇子と大海人皇子です。偉大な父を持った中大兄皇子は、「みかど」を自称する蘇我入鹿を宮中で討ち果たし、大化の改新を行って公地公民制を施行します。公民と書いて「おほみたから」と読みます。民衆こそが天皇にとっての最大の宝であると、あらためて宣言するのです。これが西暦６４５年の出来事です。

ところが白村江事件で、多くの兵士を失った中大兄皇子は、その兵士たちの親である地方豪族の一部から反感を持たれてしまいます。この反感は、後の第四十一代持統天皇の時代になっても、持統天皇が行幸の際に宿所を焼き討ちされ、矢傷を負われるという事件にも至っています。それほどまでに大きな傷を白村江は残したのです。

そこで天智天皇の後を受け継いだ第四十代天武天皇は、あらためて国を一つにまとめるために、豪族ごとに伝承がバラバラだった神話の統一の勅を発します。これがきっかけとなって成立したのが、古事記・日本書紀です。けれど天武天皇は道半ばで病に倒れてしまいます。

7　教育と文化による国つくりをした持統天皇

後を受け継いだのが、天智天皇の娘であり、天武天皇の妻であった持統天皇です。そして持統天皇は、それまで、時に応じて用いられてきた武力ではなく、どこまでも教育と文化によって国を一つにまとめるという方針を打ち出されます。この方針のもとで編纂されたのが万葉集です。万葉集は、それまでの大和言葉の歌を漢字を用いて記すことによって、大和言葉だけでは表現しきれない深い意味を歌に込めることを可能にした文化です。その文化を中央の朝廷から率先して発信し、一般の庶民までもそうして漢字を用いて大和言葉の歌を詠むことを実際に見せることで、地方豪族たちを中央の高い文化のもとに一体化させていきました。

たとえば「ひふみ」は数詞ですが、これを「霊生身（ひふみ）」と記述することで、霊（＝魂）から生まれるのが身体であるという意味になります。我が国の天皇が男系男子と規定されるのも、女性は身から赤ちゃんという身を産むことができますが、その赤ちゃんに「霊（ひ）」を授けるのは男性の役割だという認識が元です。天照大御神から続く万世一系は、男性の「霊＝魂（たま）」が、女性の胎内に入ることで続くと考えられたのです。そうした我が国の神話の時代から続く知恵を、漢字を大和言葉に重ねることで、より深い意味を持たせ、これを確定していく。そうした文化の力によって、我が国は全国民が同じ大和民族として一体化していくという大方針が、持統天皇によって示されたのです。

こうして歴代天皇によって紡がれた日本の歴史伝統文化は、21世紀となった現代においても、我が国の基幹となる文化としてしっかりと根づいています。私たち日本人は、神話の昔から日本人です。日本を信じ、日本人としての魂を大切にしていくことは、他所の批判などよりもずっとずっと大切なことです。

こらむ　シルクロードはジャパンロード

1　シルクロードは19世紀に創られた名前

シルクロードと聞くと、ＮＨＫの『シルクロード紀行』を思い出して、砂漠を旅する壮大なロマンを感じられる方が多いと思います。なんといっても音楽が素晴らしい。ゆったりとした癒し系のリズムで、壮大な景色を見せられると、もとより自然の大好きな日本人は、それだけでうっとりしてしまう。

ところがこのシルクロード、名前の命名はフェルディナント・フォン・リヒトホーフェン男爵《Ferdinand Freiherr von Richthofen》という19世紀のドイツの地理学者で、著書の『中国（China, Ergebnisse eigener Reisen und darauf gegründeter Studien）』という全五巻の本の第一巻《１８７７年出版》の中で「Seidenstrassen」と命名したのがはじまりです。つまり、それまでそんな名前はなかったのです。

　ではフェルディナントがどうしてシルクロード《絹の道》と命名したかというと、ササン朝ペルシャを出発して唐の長安に至る交易を考えたとき、ペルシャ側には壺やガラス製の器機、絨毯(じゅうたん)など、さまざまな産物があるのに対し、唐の長安には、産物らしい産物がない。あるものといえば、山くるみ、スキ餅、金華ハム、鴨の醤油漬け、木彫り、石彫り、茶、紹興酒くらいです。くるみや餅やハムは、長期間を要する旅で運ぶには適さないし、木彫りや石彫ならペルシャの方が技術が上です。そうなると圧倒的な当時の最先端物産を持つペルシャに対し、唐の側には、それに応ずるだけの産物がない。これでは交易になりません。フェルディナント男爵は、そこでやむなく上海にまで足を伸ばして、上海にほど近い杭州のシルクが、絹織物としてペルシャで珍重されたのではないかと「推測して」、付いた名前が「シルクロード」です。

　ところがペルシャが誇るペルシャ絨毯は、素材に絹をたくさん使います。その絹は、いまのイランのカシャーンのあたりが産地で、実は唐から絹を輸入する必要性がありません。このように考えると、ペルシャの商人たちが、わざわざ遠く唐の長安まで出かけていく理由がなにもないのです。

2　長安の人口

これについて、当時の長安が人口二百万人を擁する世界最大の都市だったからだ、という説が唱えられるようになるのですが、これまた信憑性がない。なぜなら長安がそれほどの人口を擁した古代の大都市であったとは、どうにも考えにくいからです。当時の長安の都市図は、さまざまなところで紹介されていますが、その規模は、誰がどうみても二百万人の人口を擁する規模に見えません。

加えて当時の食糧生産力からしても、長安の周辺で二百万人分の食糧を生産することは不可能なのだそうです。それにこの時代、唐の国全体の人口が、たったの五千万人です。

現代の中国の人口は十三億三九七二万人《2010年》なのだそうですが、いまの西安《昔の長安のこと》の人口は九八七万人です。比率がいまも昔も変わっていないとすれば、唐の時代の長安の人口は最盛期でもようやく四十万人程度です。

中国というのは古来白髭三千丈の国で、書かれている数字は、だいたい「半値八掛五割引」すると実数になるといわれています。そして二百万人を半値八掛五割引すると、まさにぴったり四十万人になります。

長安は、唐の全盛期には人口二百万人を擁したが、その後、唐が衰退すると人口が元の二十万に戻ったなどと説明されていますが、そうではなくて、そもそも人口が最初からずっと二十万であり、都が置かれた唐の時代の最盛期だけ、倍の四十万人になったというのが実際のところではないでしょうか。

いずれにしても、単に人口が多いだけの政治都市ならば、世界中、他にいくらでもあったわけで、やはりペルシャ商人たちにとって何の魅力もありません。ところが、ペルシャからやってくる商人がいたことは事実なのです。その事実は、我が国の正倉院の宝物などでも証明されています。では、ペルシャ商人たちは、どこを目当てに、どうして、どうやって、何のためにやってきていたのでしょうか。

自動車や航空機のなかった時代のことです。荷物を持った人の移動に際しては、川を使うのが、もっとも適していることは、あたりまえのように理解できることです。そしてこの時代のペルシャは、ササン朝ペルシャの時代で、その領土はいまのトルコからイラン、アフガニスタンに至る広大な地域でした。その東の外れにあるのがインダス川です。そしてインダス川をさかのぼれば、ガンダーラを経由して、パミールやカシュガルに至り、そこからタリム盆地の砂漠地帯を避けてオアシス沿いに北上すると、キルギスのイシク・クル湖に到達します。そこからバイカル湖方面に抜けて、川を下って渤海国（ぼっかいこく）に入るとウラジオストックに抜けることができます。

3　原始取得物の物々交換

ウラジオストックは、その当時には東京龍原府と呼ばれていた町で、そこまで商品を運んでくると、日本から来た商人たちが金《GOLD》を持ってきていました。日本の東北地方はお米が取りにくい。けれども税は、租庸調で、米か布か、その他金属類です。貨幣経済はまだ銅銭が出たばかり。まだまだ物々交換が主流の時代です。金《GOLD》も、いまほどの交換価値を持ちません。

その金が、東北地方ではたくさん産出しました。地元の人たちにしてみれば、川の水をすくえばいくらでも採れる、ただの金色をしたきれいな砂粒、あるいは山の鉱物に混じった金色の帯でしかありません。要するに金が原始取得《元手をかけずに自然から入手すること》できたのです。

ところがその砂や石を東京龍原府に持っていくと、ペルシャの商人たちが大喜びして貴重なガラス製品などと交換してくれるのです。そしてペルシャ製品を貴族に献上すると、これがまたたいへんによろこばれ、税の免除などをしてもらえました。東北地方はお米が穫れなかったから、これは本当に助かることだったのです。

一方、ペルシャは砂漠の国です。その砂漠に落雷があると、そこにガラスが生成されます。つまり砂漠のあちこちにガラスの塊（かたまり）が転がっているのです。つまり彼らはガラスを原始取得できたのです。そのガラスを集めて熱を加えて、プゥと吹けば、それが器になります。色素を加えると、美しいガラスの壺ができあがります。つまりそれらは、砂漠の民であるペルシャの人たちにとって、簡単に原始取得できるガラスを用いた加工品であったわけです。

ガラスが石英などの鉱物を加工して日本で人工的に作られるようになるのは、もっとずっとあとの時代のことです。砂漠がない日本には、ガラスはありませんし、当然、ガラス製品もありません。

ちなみに……ですが、代わりに日本では、山で餅鉄が手に入りました。これは山にある鉄鉱石の中に含まれる鉄分が山火事などで溶け出して固まったもので、これを利用して古来さまざまな鉄器が作られるようになりました。その代表格が日本刀です。

同様に日本では、特に東北地方において、昔は川で水をザルですくえば、金色の砂《砂金》がいくらでも手に入りました。山に行けば、金色の層（純金）を持った岩石がいくらでも手に入りました。これはいまで言うならば、たとえば河川の上流に行けば、川底に丸いきれいな石がいっぱい転がっていますが、その石が海外では一つ十万円に化けるようなものです。

要するにペルシャでは原始取得のガラスがいくらでも手に入り、日本では原始取得の金《GOLD》がいくらでも手に入ったわけです。いくらでも手に入るモノというのは、その土地の人たちにとっては二束三文の品でしかありませんが、ないところの人たちにとっては、それは貴重品です。これがまさにWin-Winの関係となります。ペルシャ商人にとっては、一回の交易で一生遊んで暮らせるだけの黄金が手に入るし、日本人にすれば節税対策ができるのです。おかげでペルシャから商人たちが列をなしてやってくるし、日本国内では金が大量に掘られることになる。そして窓口になっている渤海国は、濡れ手に粟で大儲けして国が興隆したのです。

もっとも濡れ手に粟の渤海国は、あまりに楽に儲けて経済成長がいちじるしかったために軍事をおろそかにし、結果、奥地にいる契丹（きったん）にヤキモチをやかれて、契丹によって滅ぼされてしまいましたが。

さて、はるばるペルシャからやってきたガラス製品等は、貴族たちに献上され、貴族はまた天皇に献上しました。そして当時の品々は、いまも国宝として正倉院に大切に保存されています。

以上は、従来唱えられてきた説とだいぶ異なりますが、「シルクロードはペルシャから唐に至る絹の交易の道である」という19世紀の固定概念を外してみると、なんとシルクロードと呼ばれていた交易路は、むしろ「ジャパンロード」と呼んだほうがふさわしい路であったかもしれない。

歴史は、過去の出来事を合理的かつ客観的、論理的にストーリーにしていく学問です。つまり、考える楽しみのある学問分野であって、単なる暗記科目では本来ありません。

それに、学問は、本来自由であるべきものです。私は常に自由でありたいと思っています。

第章

黄金の国だった日本の近世

一　徳川家康と大阪経済

1　家康が豊臣方と戦った理由

徳川家康が豊臣家を滅ぼした《戦った》意味について考えてみようと思います。家康が、関ヶ原の戦い、その後に続く大阪冬の陣、夏の陣で徳川家康が豊臣氏を滅ぼしたことは、誰でも知っていることです。ところが、どうして家康がそうまでして豊臣家を滅ぼしにかかったのかという点になると、たいていの解釈がこれを単に家康の名誉欲ととらえて、「家康が天下を欲しがったため」としています。

本当にそうなのでしょうか。

家康が征夷大将軍であった期間は、わずか二年です。もし家康が望み通りに天下を得たというのなら、どうしてせっかく念願の征夷大将軍になったのに、その職をたった二年で手放してしまったのでしょうか。

慶長5年（1600年）に関ケ原の戦いに勝利した家康は、慶長8年（1603年）に征夷大将軍に就任しています。しかしわずか二年後の慶長10年（1605年）にはこれを返上し、将軍職を息子であり秀吉の血統である秀忠に将軍職を譲っているのです。

家康が亡くなったのは、それから十一年目の元和2年（1616年）のことです。将軍になりたかった、天下を取り武家の棟梁として征夷大将軍になりたかった、名誉が欲しかったというなら、家康がわずか二年で将軍職を返上した理由の説明になりません。

さらにいえば、大阪冬の陣は関ヶ原の戦いの十四年後です。大阪夏の陣は、その翌年慶長20年（1615年）、つまり十五年後です。

大阪にいて秀吉の後を継いだ豊臣秀頼が天下を治める器量がなかったからだという論もあります。関ヶ原の戦いを扱った多くの小説などが、その説を取っています。しかし我が国において、トップというのは、いわば名誉職です。それを支えるブレーンが優秀であれば足ります。秀頼の配下には、もともとの秀吉の部下たちが勢揃いしています。天下の政治に困ることはありません。

歴史は、出来事の前後関係を論理的に説明するものです。その意味において、器論は小説としてはおもしろいかもしれませんが、それでは歴史とはいえません。

2　商流経済と生産者優先経済

ではなぜ家康は関ケ原を戦って征夷大将軍となり、また将軍となった後に大阪の二つの陣を戦うという選択をしたのでしょうか。実はここに、国学を愛した家康ならではの行動があります。

家康は、早くから林羅山（はやしらざん）を徳川家の師範としました。林羅山の思想は、一般に儒教であったと説かれますが、すこし違います。多くの儒者が中国の儒教をただありがたがったのに対し、林羅山はどこまでも国学の上に立って儒教を選択的に取り入れる、という考え方をした人です。つまり、どこまでも国学が先にあります。その国学において、もっとも大切なことは「おほみたから」である天下の百姓たちが豊かに安全に安心して暮らせるようにしていくことにあるということです。

一方、大阪方、つまり秀吉が用いた政治手法は「全国の物流と商流をすべて大阪に集中する」というものでした。

たとえば刀を作るには、鉄が要ります。その鉄の産地の人たちは、直接刀鍛冶にものを売ってはいけません。できた鉄を大阪に持ち込むのです。ですから鉄を使って刀を作ろうとする刀鍛冶たちは、直接鉄の生産地と取引するのではなく、大阪で鉄を求め、これを自分の住む土地に持ち帰って刀を作るわけです。刀ができると、刀鍛冶は刀を、やはり大阪に持ち込みます。刀を売る業者の人は、大阪で刀を仕入れ、これを地方に持ち帰って販売します。

要するに、すべての物流と商流が大阪を中心に回る仕組みになっていました。

つまり大阪一極集中方経済運営が図られたわけで、秀吉はその大阪商人に税をかけることによって、莫大な富を築き、その富をもって全国の大名たちに号令したわけです。このあたり、実に秀吉の政治の上手さが光るものといえます。これを仮に「商流経済」と呼ぶことにします。

小田原の北条攻めの際に、愛知県の岡崎から江戸という、箱根の山の向こう側の交通の要衝からもはずれた沼地に飛ばされた家康は、江戸城の普請を進める一方で、すぐに関東全域の征圧に乗り出しました。当時の江戸は広大な湿地帯が広がる沼地ですが、なぜ沼地かといえば、そこに利根川、荒川、隅田川、多摩川などの大きな河川が流れ込んでいるからです。

家康はこれを逆に利用し、江戸城を中心に、西は多摩川、東は利根川、荒川、隅田川を結ぶ運河《小名木川》を建設しました。《この時代には利根川は江戸湾に流れ込んでいました》。こうすることで、天候の影響を受けずに川を使って、またたく間に軍勢を関東全域に送ることができるようにしたわけです。《もともとはそれぞれの河川は、いったん海に出なければ川をさかのぼって軍勢を派遣することができなかったのですが、海は荒れたら、その間、軍はまったく動きがとれません。そこで海岸線よりも内側に運河を作ることで、城にいる兵を、瞬時……はちょっと大げさですが……に関東の奥地にまで送り込めるようにしたわけです。》

家康のこの機動力の前に、関東の奥地にいた豪族たちは、短期間のうちに家康に従うようになりました。さらに余勢をかって、家康は東北地方の諸大名たちも調伏していきました。

関東の奥地から東北にかけては、当時、多数の金山・銀山がありました。家康は、そうした金山・銀山を次々と支配下におさめていきます。

ところがここに問題が生じるのです。採掘した金銀は、秀吉時代の経済の仕組みでは、すべて大阪に運ばなければ「富」にならない。そして現代の国際社会でもそうですが、原料産地というのは、常に買い叩かれる立場となります。

家康は、急がずに、採掘した金銀を、もっぱら貯め込んでいきました。そして秀吉の没後、関ケ原を戦って豊臣家の大阪一極集中を崩すと、すぐに佐渡の金山、岩見の銀山を手中に収めました。この二つは、それまでの採掘地とは比較にならないほど多くの金銀を得ることができました。

しかし、大阪一極集中の商流経済体制のもとでは、これは現代の資源国と西欧社会の関係のようなもので、徳川家は単に金銀を掘削しているというだけで、富になりません。加えて、商流経済中心の社会体制のもとでは、国学にいう天下の百姓（おほみたから）の経済は、いっこうによくなることはありません。それでも、太閤殿下（秀吉）の存命中であれば、秀吉自身が百姓（おほみたから）の出自であるという社会的な絶対の信用があります。たとえ経済が大阪一極集中であったとしても、農家が秀吉のことを悪く思うことはないし、秀吉自身も、たいせつな国のたからは、農家であり産地であるということをちゃんとわかって政治の運営を行うという世間の期待があるからです。

けれどその秀吉が亡くなると、残るのは、経済の大阪一極集中の商流経済体制だけになります。すると、関東以北は、金山銀山という宝の山を持ちながら、いっこうに民の暮らしは良くならないし、家康もまた、金銀を単に手にしているだけで、それは宝の持ち腐れとなるだけで、金銀を用いて公共事業としての河川の堤防作りや新田の開発をしようにも、その金銀が「使えない」のです。なぜなら、使うためにはその金銀をいったん大阪に持ち込まなければならない仕組みだったからです。

このことは家康の側から見れば、商流経済体制つまり、民の安寧のために戦って豊臣式大阪一極集中の商流経済体制を改めるか、戦わずに金銀の宝の持ち腐れに甘んずるかという選択になるわけです。

3　家康の行った大偉業

このことは現代のアフリカなどの資源原産国と、西欧などの商業国との関係と同じです。つまり家康が行った行動は、現代風に言うならば、コンゴなどの資源原産国が、西欧商業国と戦って勝利して、原産国中心型の世界体制を築いたようなものだからです。

これは本当にすごいことです。世界史で、同様のことを成し遂げ、成功した国は、他にないのですから。

戦いに勝利した家康は、大阪経済は徳川の直営とし、政治は江戸、経済は大阪という体制を敷きました。そして莫大な金銀と強大な領土、そして武力を背景に、国内秩序を再配置して、徳川二百六十年の繁栄と安定を築いたのです。

富は、誰か一人が独占するものではなく、災害の多発する日本の国土において、常に非常時への備えと、民政のためにあります。このことは、家康が国学を基礎に置いたからこそ生まれた発想であったのです。

この国学の基礎となっているのが、飛鳥時代から奈良時代にかけて編纂された古事記であり、日本書紀であり、万葉集です。これらを学ぶことは、結局の所、この日本という災害多発国家において、何が大切なのかを学ぶことです。

秀吉も偉大な人ですが、家康もまた、偉大な巨人であったと思います。

二　古代に学んだ信長の誇り

1　織田弾正信長

織田信長《1534〜1582年》といえば、桶狭間の戦いのあと、次々と近隣の大名を抑えて国内の再統一を行い、長く続いた戦国時代を終わらせた人物として有名です。信長といえば「天下布武」の言葉を標榜（ひょうぼう）し、比叡山攻めや本願寺との戦いを通して仏教界から武装勢力の排除を図って仏敵、あるいは第六天の魔王などと呼ばれ、また豊臣秀吉が信長を怖ろしい武人として描いたことから、近年では強烈な個性を持った冷酷な武将と描かれます。

しかしその信長の足跡を見ると、実はある一つの理念につらぬかれたものであったことがわかります。それが織田家が勝旗織田氏、別名「織田弾正（おだだんじょう）」の家柄であったことです。

弾正（だんじょう）というのは、もともと8世紀における律令体制にあった天皇直下の機構です。律令体制は、天皇直下に太政官、神祇官、弾正台の三つの役所が設けられましたが、この中で太政官は、政治上の様々な意思決定や国政の管理を行う役所です。

そこで決められた新たな政策等は、たとえば新元号の制定なども、おおむね三日もあれば、全国津々浦々にまで浸透したといわれています。どうして三日で全国に政策を示達できたのかというと、この役を担ったのが神祇官です。神祇官は、天皇の祭祀を司るとともに、全国の神社の総元締め的な役割を果たしました。そしてこの神祇官のもとに、全国の神社は天社と呼ばれる後の官幣大社のような神社、その下に国単位に置かれた国社、その下にいまでいう市町村ごとの神社である神地、そして末端に、ご近所の氏神様である神戸が系列化されていました。

太政官で考察され、天皇の勅許を得た示達は、こうして神祇官の所轄する全国の神社のネットワークを経て、またたく間に全国津々浦々にまで示達されていたのです。おもしろいことにこのネットワークは、示達された結果について、民衆がどのようにこれを受け止めているか、また政策の実施状況がどうなっているのか等について、やはり神社のネットワークを通じて、今度は下から上に情報が伝達されていました。そして全国の民の声は、最終的に天皇直下の神祇伯を通じて、天皇に上奏される仕組みになっていたわけです。

この下から上の情報ルートは、神社とは別に太政官が主催した国司のルートからも上奏される仕組みになっていました。つまり、下から上への情報ルートは、二重に確保されていたわけで、これによって民意が常に国家最高権威にまで伝えられる仕組みになっていたわけです。

ところが、そうした情報ルートも、あるいは政策的意思決定機関も、内部が腐ってしまっていては、まったく意味を持ちません。そこで設置されていたのが弾正台（だんじょうだい）です。

２　桶狭間の戦いの意味

弾正台は、天皇直下にあって、太政官や神祇官の高官で不忠を働くもの、あるいは私腹を肥やして民生を省（かえり）みない者がいた場合、問答無用で斬捨御免の権能を与えられていました。つまり弾正台は、政治家や行政機関だけを対象とした警察機構であったわけです。《民間に関する警察機能は別に太政官の中の刑部省に設けられました。》

おもしろいもので、我が国の歴史を通じて、この弾正台が不正を働いた官僚や政治家を一刀両断のもとに斬り倒したという事例はありません。だから「弾正台が形式的に置かれていたが、まったく機能しなかった」という先生もおいでになりますが、そうではなくて、弾正台という重石があったからこそ、弾正台が刃を振るうことがなかったのです。刃は振るうことより、振るわずに抑えるところに意味があります。それが我が国の歴史であり、我が国の考え方です。

その弾正が唯一我が国の歴史の中で機能した事例が、織田信長の桶狭間の戦いです。信長のいる尾張国に攻め込もうとした今川義元の今川家は、赤穂浪士で有名になった吉良家の分家です。その吉良家は、もともと足利一族の分家です。つまり今川氏は、足利家の分家のさらに分家という位置にありました。その今川氏が、天下を狙って上洛しようというわけです。

家格からすれば、これは許されるべきものではありません。ということは、弾正の家柄を持つ織田家としては、これをみすみす見過ごすわけにいかない。たとえ相手が強大な武力を持っていようと、これを打ち倒すのが弾正の名を受け継ぐ織田弾正家の使命であり誇りです。そもそも弾正は、相手が強大であるとか、政治権力を持つとか、そういうこととは関係なしに正義を貫くのが役割だからです。

職業の誇りというものは、人に勇気と知恵を与えます。刑事さんがどんな悪党の巣窟であっても、そこに出かけていくし、悪と対峙するのと同じです。

主君である信長が、弾正としての職責を果たすとなれば、先祖代々織田家に仕えてきた家臣一同も奮い立ちます。いまこそ織田弾正の家に生まれた先祖伝来の使命を果たすときなのです。

だから信長は、いざ出陣という前に、謡曲の「敦盛」を舞ったのです。

「敦盛」は、源平合戦の折りの一ノ谷の戦いで、平清盛の甥の平敦盛が、退却に際して青葉の笛の「小竹」を持ち出し忘れたことに気付き、これを取りに戻ったところを源氏方の熊谷直実に呼び止められ、一騎打ちを挑まれる。相手にしないで逃げようとする敦盛に、熊谷直実は「兵に命じて矢を放つ」と威迫します。多勢に無勢、雑兵に矢を射られて死ぬくらいならと、一騎討ちに応じるけれど、百戦錬磨の直実に、熱盛は簡単に組み伏せられてしまう。直実が、頸をはねようと組み伏せた相手顔を見ると、まだ元服も間もない紅顔の若武者です。

人間五十年　化天のうちを　比ぶれば
夢幻の　如くなり
一度に　生を享け

滅せぬものの　あるべきか

どうせ一度は死ぬ命。たとえ負けるとわかっていても、武士ならば堂々と戦って死のうという決意が、この敦盛に象徴されているわけです。

覚悟を決めた信長は、同じく主君とともに討ち死にの覚悟を決めた二千の手勢を率いて、桶狭間で今川義元の本陣を急襲して、見事、義元の頸(くび)をあげる。

こうして信長は、まさに弾正としての職責をまっとうしたのです。

3　桶狭間効果

こうして律令時代から続く武門の筋を通そうとする信長のもとには、全国から同じ志を持った優秀な部下たちが集まります。それらの武士たちを養うためには、我が国史上初となる専業武士団を形成しなければならない。そしてそのための費用を賄うために信長が行った財政政策が楽市楽座です。

そして先祖代々の弾正としての職責を象徴するのが、信長が用いた印に刻印された「天下布武」の朱印です。天下布武は、よく中国の史書にある七徳の武の引用だといわれていますが、そればかりではありません。

「武」の訓読みは「たける」です。「たける」とは、ゆがんだものを竹のように真っ直ぐにすることをいいます。つまり「天下布武」とは、「天(あめ)の下に、たけるを布(し)く」、もっと現代風にいうなら、「天下の歪(ゆが)みをまっすぐに正す」という意味の言葉です。まさに織田弾正にふさわしい刻印だったわけです。

信長の生きた時代は、人倫を説き民衆の救済をすべき仏教が、僧兵を雇い、その武力にものを言わせて、あたかも国内の別勢力を形成していた時代です。これを朝廷の傘下に戻し、仏教を仏教本来の民衆救済という本義に戻すためには、仏教勢力から武闘勢力を削(そ)がなければなりません。そこで信長が行ったのが、比叡山の焼き討ちであり、本願寺攻めです。まさに「天下の歪みをまっすぐに正す」ためのものであったのです。その証拠に信長は、比叡山も本願寺も仏教の本義を説く高僧たちを、まったく温存しています。

信長の逸話『信長公記』におもしろい話があります。天正8年のこと、無辺(むへん)という僧侶が石馬寺に住み着いて、不思議な力を持つと人々の間で評判となったのだそうです。信長が無辺を引見して出身地などいくつかの質問をすると、無辺がわざと不思議な答えをする。そこで信長は、

「どこの生まれでもないということは、妖怪かもしれぬから、火であぶってみよう。」と、火の用意をさせます。すると無辺が、今度は事実を正直に答えたという。しかも無辺は信長の前で、不思議な霊験も示すことができなかったために、信長は、無辺の髪の毛をまばらにそぎ落とし、裸にして縄で縛って町に放り出して追放しました。ところが、追放後も無辺は、迷信を利用して女性に淫らな行いを繰り返していたことが判明し、ついに信長は無辺を逮捕し処刑させています。信仰の名のもとに人を騙し、あるいは女淫にまみれるなど、もってのほか、ということです。ここでも弾正信長の本領がいかんなく発揮されています。

要するに信長は、我が国の歴史と文化を古典に学び、そこから我が国の国民精神を得るとともに、みずからが弾正の家系であるという誇りを大切に生涯を貫いているのです。

歴史伝統文化を古典に学ぶことは、誇りを育むということです。そして誇りを育むということは、国民精神を身にまとうということです。これを英語でかっこよく言ったら、アイデンティティを得るということになります。

いま日本人に不足していること。

それこそが国民精神です。

その国民精神の復活には、現状の時事問題に右往左往するのではなく、我々自身が古典を学び、古典に書かれた歴史伝統文化の精神の再確認が必要であると思うのですが、みなさんはいかがでしょうか。

三　鎌倉幕府の崩壊と児嶋高徳

１　財政破綻のおそろしさ

戦前までは学校の教科書で紹介され、大楠公と並び称される忠臣として誰もが知る日本の常識でありながら、戦後はまったく存在自体をかき消されてしまった人に、児島高徳（こじまこうとく）がいます。児島高徳は、鎌倉時代後期にあたる、正和元年（１３１２年）、備前の国（いまの岡山県東南部）の児島郡の人です。

元弘２年（１３３２年）、鎌倉幕府は、すでに財政が破綻状態に至っていました。

幕府というのは、いまでいうなら行政府の中心のようなものです。行政が財政破綻に陥ると、公共事業が全面的にストップします。いまなら、上下水道のメンテナンスが行われなくなり、上水道の貯水タンクは掃除されなくなって、水が汚れ、汚れた水の検査も行われず、下水も排水処理が行われませんから、下水道がヘドロでふさがり、道路は補修されませんからデコボコ道となり、道路の白線もすり切れて消えたまま放置されます。公営の病院も廃館となり、入院患者は放置されます。論功行賞も行われず、もちろん公務員の給料も払われません。公的サービスが停止しますから、年金や恩給も支払われず、公共工事も全面ストップ。警察も行政のうちですから、警察機能も停止します。また、災害発生時の消防活動も停止、被災地への食料支援や、災害の復興工事も全面的に停止します。国家や行政の財政破綻というのは、実におそろしい出来事なのです。

鎌倉幕府は、相続制度が源氏の制度そのものだった幕府です。その源氏の相続制度は、財産を子たちに均等配分するという仕組みでした。当時の財産は「田んぼ」でしたから、田んぼを等しく分けるという意味で、これを「田分け」といいます。「このたわけ者めがっ！」の「たわけ」です。相続の均等配分制度は、いまの日本の民法の相続制度とほぼ同じもののですが、この制度のもとでは、いかなる大金持ちであったとしても、七代経過すると、どんな大金持ちでも、必ず貧乏になります。鎌倉時代でいえば、広大な田んぼを分割相続を繰り返せば、最後には相続した田んぼだけでは食べていけなくなるのです。

財政破綻にひんした鎌倉幕府は、そこで何度か徳政令（とくせいれい）を強行し、御家人達の借金をゼロにしました。しかしこれは今風に言うなら、御家人たちを強制的に全員自己破産させるようなものですから、御家人は社会的信用を失い、いっときは借金から免れても、次にはもっと生活が苦しくなります。そして御家人達の生活破綻は、実はそのまま御家人達が行う庶民への行政サービスの停止を招きます。

そこに大地震が起こりました。しかし災害が発生しても、御家人にも幕府にも、被災地支援を行うための財政の裏付けがありません。結果、庶民の間に飢饉が起こり、多くの人が死に至ります。ところが人が死んでも埋葬する行政サービスが機能していない。このため街中いたるところに、腐乱屍体が転がり、その屍体を媒介にして伝染病が蔓延（まんえん）しました。ますます多くの人が亡くなっていったのです。

2　持明院統と大覚寺統

こうした事態を前にして、ひとり立ち上がられたのが第九十六代後醍醐天皇でした。

「もはやこれ以上、財政破綻に陥った幕府に政治を委ねるわけにはいかない！」

後醍醐天皇は、倒幕のための準備を進めていきます。

ところが後醍醐天皇は、一つ大きな問題を抱えていました。

それは後醍醐天皇よりずっと前の時代の第八十八代後嵯峨天皇の時代にさかのぼります。

もともと皇統は、第四十一代の持統天皇の時代に、もっとも霊統の濃い男系男子の長子が、機械的に次の天皇になると決められていたのです。これは、皇位をめぐって血で血を洗う争いが起きないようにするためです。

ところが鎌倉時代、源氏の将軍が頼朝、頼家、実朝の三代で絶えてしまったため、四代将軍、五代将軍と摂関家である藤原家から将軍を迎えていたのです。これを「摂家将軍」といいます。

ところが次の六代将軍を決めようということになったとき、幕府の北条時頼が、次の将軍として、なんと藤原摂関家ではなく、後嵯峨天皇の長男を求めたのです。こうして生まれた将軍のことを「宮将軍」とか「一品将軍」といいます。「一品」というのは、御皇族に対してのみ与えられる律令制のもとでの最高位です。

ところがこのことは、「霊統上位の長男が次の天皇となる」という古代からの慣習を破り、本来天皇になるべきはずの長男が、鎌倉将軍職に下ることを意味します。すると次の天皇は次男の後深草天皇になります。次の次の天皇は、後深草天皇の子になります。それが順番です。

ところが、こうなるとおもしろくないのが、鎌倉に下った長男です。なぜなら本来になら天皇になれたはずの我が子が、無役になってしまうのです。

そこでこの怒りを逸らすために、後深草天皇の子に跡を継がせず、後深草天皇の次の将軍に三男の亀山天皇にご即位いただくことになるのですが、そうなればなったで、ではその次の天皇に誰がなるかが問題になります。

鎌倉将軍となった長男の子か

次男の子か（これを持明院統といいます）

三男の子か（これを大覚寺統といいます）

結局、話し合いの結果、持明院統と大覚寺統が交互に皇位に就くということで、とりあえずの決着をみました。しかしそうなればなったで、さらにそのまた子（つまり孫）の世代になると、皇位継承権者が、今度は四人に増えてしまうのです。次の世代では八人、その次には十六人です。順番に皇位を交互に継ぐとはいっても、これはおよそ不可能なことになってしまうのです。

3 児嶋高徳

もともとそういう問題を抱えているところに後醍醐天皇がおいでになったわけです。後醍醐天皇は、前ページの三男の血筋、つまり大覚寺統です。後醍醐天皇の鎌倉幕府倒幕の協議は、通報があって六波羅探題に知られるところとなり、関係者は全員逮捕、後醍醐天皇は隠岐の島に流罪、次の天皇は、幕府の推薦によって光厳天皇が即位されます。

しかし、これもまた問題だったのです。そもそも後醍醐天皇は、我が国のスメラミコトであり国家最高権威です。その最高権威を、天皇の臣下である将軍が逮捕し流罪にしてしまったわけです。

「これはとんでもないことだ！」と怒る武士たちが大勢いたのです。

そのなかの一人が児嶋高徳です。児嶋高徳は隠岐の島に流罪となって護送される後醍醐天皇をなんとか奪回しようと、二百の決死隊を率いて護送団を追うのです。けれど護送団がどうしても見つからない。そこで児島高徳は、せめて志だけでも伝えようと、杉坂峠の天皇の宿所の庭の桜樹の幹を削って、十字の詩を書きました。

それが、

天莫空勾践
時非無范蠡

という漢詩です。意味は、「天が古代中国の越王・勾践（こうせん）を見捨てなかったように、このたびのことでも范蠡（はんれい）の如き忠臣が現れて、必ずや帝（みかど）をお助けすることでしょう」というものです。

この話は忠臣児島高徳の故事として、戦前は学校の教科書でも紹介され、日本人なら誰もが知る「日本の常識」となっていました。文部省唱歌もあります。尋常小学唱歌第六学年用に掲載されているものです。

♪　船坂山や杉坂と、
　御あと慕ひて院の庄
　微衷をいかで聞えんと、
　桜の幹に十字の詩
　天勾践を空しうする莫れ
　時范蠡無きにしも非ず

とっても難しい漢字がいっぱい使われている歌詞ですが、こうした歌が唱歌として歌われ、小学生でさえその意味をちゃんとわかっていたというのは、実にすごいことだと思います。現代のゆとり教育とはずいぶん違いますね。

大切なことは、子たちに単に漢字の意味がわかるかわからないかということではなく、こうした歌を幼いうちに覚えれば、長じてその意味がわかるようになったときに、社会の役に立つ、まさに「大人になる」ということです。そのときに意味がわからなくても、ずっと後年になって意味がわかるということは多くあるものです。

4　臥薪嘗胆

児島高徳の漢詩にある勾践（こうせん）というのは、中国の故事に出てくる越王のことです。勾践は、古代中国の春秋戦国時代の越王で、隣国の呉の王の闔閭（こうりょ）を破ります。闔閭の子の夫差（ふさ）は、お家再興を誓い、毎日寝苦しい薪（たきぎ）の上に寝て、悔しさを忘れないようにしました。これが「臥薪嘗胆（がしんしょうたん）」の「臥薪（がしん）」の逸話です。

そして再起した呉王の夫差は、見事、越王勾践を会稽山（かいけいざん）で打ち破ります。敗れた勾践は、愛する妻を夫差に妾（めかけ）として差し出すという屈辱を受けます。このときの悔しさを忘れないようにと、「勾践」は野良仕事の毎日の中で、いつも苦い「胆」をそばにおいて、これを噛み、「会稽山の恥を決して忘れない」と誓い続けます。そして努力を重ね、ついには夫差を滅ぼす。

これが「臥薪嘗胆」の「嘗胆（しょうたん）」の逸話です。

勾践には、信頼する部下がいました。それが范蠡で、范蠡は、敗戦の屈辱を受け、何もかも失った越王勾践に富めるときも貧しいときも常に変わらぬ忠誠を誓い続けて勾践を守り続けます。そして勾践が決起したとき、見事夫差を討ち滅ぼしました。この逸話が、「会稽の恥をすすぐ」という忠臣物語です。

つまり児島高徳は、自分を「范蠡」になぞらえて、自分の気持ちを後醍醐天皇に伝えようとして、上の漢詩を書いたわけです。ところが桜の木に書かれたこの文字を見つけた鎌倉の後醍醐天皇護送団は、誰一人、詩の意味がわからない。

実際はどうだったのかはわかりませんが、『太平記』は、後醍醐天皇を支えた反鎌倉方の忠臣となった武士たちを、非常に教養の高い武士たちとして描写しています。おそらく、我が国が天皇の「知らす国」であることを、教養として身に付けているのかいないのか。そのことが、後々の世まで影響する大事であるという基本認識のもとに『太平記』が書かれているからであろうと思います。

いま日本は、建国以来の危機にあると言われています。その日本を守り救うのは、我が国の歴史伝統文化の中に根付いてきた本来の日本の形を常識化することにあります。ただ外国批判や、国内の一部政治勢力批判だけでは、決して国は変わらない。古いものと新しいものを融合し、よりよい日本を築いていくこと。そのために必要なことは、まさに7世紀の持統天皇以来の教育と文化の国日本の再興なのではないでしょうか。

四　和気清麻呂に学ぶ

1　皇居にある二人の銅像

我が国の歴史には数多の英雄豪傑が登場しますが、その中で皇居周辺に銅像が建てられているのは二人だけです。武官から一人、文官から一人です。武官は楠木正成、文官が和気清麻呂です。楠木正成は別の拙著でご紹介していますので、本書では和気清麻呂をご紹介します。

和気清麻呂は、簡単にまとめれば、「道鏡が天皇の地位を狙ったときに、これに抗して天朝を守り、そのため別部穢麻呂というひどい名前に改名させられた挙句、大隅国（現在の鹿児島県）に流罪となり、後に赦されてからは、広大な土木工事を行って民の暮らしの安寧を図り、またいまの京都である平安京への遷都を進言して、その造営を図った、我が国の歴史上の人物」となります。

幕末、ペリーが来航する二年前の嘉永４年（１８５１年）、明治天皇の父にあたる孝明天皇は、この和気清麻呂に神階正一位と「護王大明神」の神号を贈られました。これは我が国の文官としてなしうる最高の栄誉です。

ところが、シビリアンコントロールが大事だとか、武官による政治はよくないなどと主張する人たちがいますが、なぜかその文官最高の栄誉を持つ和気清麻呂に触れません。戦前にはお札の肖像画にさえなっていた人なのに、実に不思議なことだと思います。

和気清麻呂は、備前国の藤野郡の生まれです。ここは現在の岡山県和気町となっています。そこにあった和気家は第十一代垂仁天皇（すいにんてんのう）（御在位紀元前１世紀頃）の第五皇子である鐸石別命（ぬてしわけのみこと）を祖先に持ちます。

垂仁天皇は、河内の高石池や茅渟池（ちぬ）など、諸国に多くの池溝を開いて、農業を盛んにした天皇で、日本における殉死を禁じたのも垂仁天皇、和菓子の開祖とされる田道間守（たぢまもり）に命じて、常世国に妙薬の非時香菓（ときじくのかぐのこのみ）を求めに行かせたのも、垂仁天皇です。

田道間守は十年かかって天竺（てんじく）から菓子を持ち帰りました。ところがそのときには垂仁天皇はすでに崩御されていて、そのことを嘆き悲しんだ田道間守は、御陵で断食をして亡くなったと伝えられています。つまり垂仁天皇はそれほどまでに慕われた天皇であられたということです。

このとき田道間守が持ち帰った不老不死の霊薬とされたものが「橘（たちばな）」で、これが改良に改良を加えられて、現在の「みかん」となりました。ですから「みかん」は、日本の代表的な果物で、欧米でも「みかん」は《Mikan》と、日本語の名前がそのまま使われています。

さて、垂仁天皇の第五皇子の鐸石別命（ぬてしわけのみこと）の曽孫が弟彦王（おとひこのおう）で、この王は神功皇后（じんぐうこうごう）の朝鮮征伐に出征されています。ちなみにまた脱線ですが、ここに「王」という記述があります。王は皇の下に位置する概念であることがご理解いただけようかと思います。その遠征のあと、都に帰ろうとする神功皇后を、忍熊王（おしくまのおう）が襲撃します。これを撃退したのが弟彦王で、この勲功によって弟彦王は、備前・美作に封じられ、代々この地で郡司として栄えることになります。そして、その弟彦王の末裔が和気清麻呂になるわけです。

2　かかあとやっこ

和気清麻呂は天平5年（733年）の生まれですが、三歳上に姉の和気広虫がいます。姉は成人すると、奈良の都にのぼって宮中の女官の采女になりました。

弟の清麻呂は、姉を追いかけるように都にのぼり、舎人となりました。舎人は「刀禰人」とも書きますが、これは宮中の警固を行う武官のことです。「刀禰人」の「り」は「人」ですが、これは「一人」と書いて「ひとり」と読むのと同じです。「官吏」の「吏」も、同じです。「刀禰」は、漢字の意味からすると「禰刀」です。もともとは公務を預かる優秀な役人のことで、いまで言ったら上級国家公務員にあたります。その刀禰たちは、日常的に腰に刀を佩きましたから「とねり」と呼ばれたわけです。同じく国家公務員の上級にあたる宮中女官の采女は、采が手で木の実を取る象形です。この両者は、通称はやっこ《奴》と、かかあ《婢》と呼ばれました。両方を合わせると奴婢で、要するに奴婢は、いまでいえば官舎に住む上級国家公務員です。奴婢のことを、外国の奴隷「SLAVE」と勘違いして教えている人がいますが、奴婢からしたら失礼な話です。

つまり和気家の姉弟は、そろって奴婢として都にのぼって天皇のお側にお仕えすることになったわけで、これはとても名誉なことでした。

二人の姉弟は、都で一緒に下宿暮らしをしていました。互いによくたすけあう、仲の良い姉弟であったようです。

姉の広虫姫が十五歳（いまの十六歳）のとき、中宮に勤める葛木戸主と結婚しました。夫の戸主は、たいへんに心優しい人物で、当時、戦乱や飢饉によって親を亡くした子供がたくさんいたことを悲しみ、子供達を養育して、成人すると彼らに葛木の姓を名乗らせたりしています。広虫は、そんな夫をよくたすけ、明るく子供達の面倒をみる妻でした。ちなみにこれが現代でも続く「里親制度」の始まりです。西暦でいえば７４０年のことです。西洋では、孤児たちの引き取り手は教会と奴隷商人でした。13世紀のブレシアでは、「異教徒、売春婦、孤児は町およびその周辺に存在してはならない。かくまった者には罰金を課す」という法が施行されていたほどです。つまり西洋では近代まで、孤児は社会から排除するという仕組みしかなかったわけですが、これに対し日本では、８世紀には里親がスタートしていたのです。

さて、そんな優しい夫だったのですが、その夫が若くして亡くなってしまいます。その悲しみから広虫は、出家して尼になり、法名を「法均」と名乗りました。すると、出家前の功績から、朝廷は広虫に「進守大夫尼位」を授けてくれました。

その二年後の天平宝字8年（764年）、太政大臣を務めていた藤原仲麻呂が乱をおこしました。別名「恵美押勝の乱」です。この乱は、簡単に言うと、大手新興宗教団体の教祖が政権を壟断して天皇の地位までも簒奪しようとしているという情況に、時の総理大臣が私兵を率いてこれを倒そうとし、逆に国軍を抑えていた教祖側によって鎮圧されてしまった、という事件です。なにやらややこしいですが、乱の影響は大きくて、太政大臣の藤原仲麻呂は首を刎ねられ、さらにその仲間となった貴族たち三百七十五人が連座で逮捕されました。このとき、逮捕された人たちを全員死罪にすべきという意見が道鏡の側から強くでたのですが、尼となっていた広虫が称徳（しょうとく）天皇に助命減刑を願い出て、死罪はなしとされています。そしてこの乱によって親を亡くした子どもたち八十三人を広虫姫は養育して、彼らに夫の葛木の姓を与えています。

3　道鏡の陰謀

事件五年後の神護景雲3年（769年）、得意絶頂にあった道鏡がついに皇位を望むに至りました。もともと道鏡は、河内国弓削郷（大阪府八尾市）出身の僧侶です。孝謙（こうけん）上皇の看病に成功したことで寵愛され、太政大臣禅師、ついで法王の位を授けられていました。宿敵である藤原仲麻呂は、すでに殺害しています。もはや、道鏡の権勢欲を邪魔する者はいないという情況でした。そこで道鏡はこの年の5月、天皇のもとに「宇佐八幡の神託」と称して、

「道鏡に天皇の位を与えれば、天下は太平になる」

と言い出したのです。

この話を持ち出したのは、大宰主神である中臣習宜阿曾麻呂（なかとみのすげのあそまろ）でした。かりにも宇佐八幡の神託だというのです。しかもその内容は、臣下の身である道鏡が皇位を継ぐという、前代未聞の珍事です。

称徳天皇は事の重大さに思い悩みました。

神託には神託で対抗するしかありません。

称徳天皇は、夢枕に八幡大菩薩の使いが立たれたとして、その使いが真の神託を伝えるので、法均（広虫）を遣（つか）わすように告げたとして、法均（広虫）に、その使いをお命じになられました。

ところが命じられた側の法均（広虫）は、このとき病に臥（ふ）せっていて、長旅に耐えられません。そこで弟の和気清麻呂に、その勅使の代行をさせるようにと願い出ました。少し補足しますと、これは神話の時代から続く我が国の伝統で、命令を受けた者が別な誰かを推薦し

てその者を命令の遂行者にするということは、その遂行者が行った結果に、直接命令を受けた者が連帯して全責任を負うということです。ですからこの場合、勅命を受けた広虫と、勅命を実行する和気清麻呂は、勅命に対する連帯債務者となります。

このとき和気清麻呂は三十七歳。近衛将監として美濃大掾を務めていました。話を聞いた道鏡は、和気清麻呂を呼び、

「ワシが天皇になれば、汝に大臣の位を授けよう」と誘惑します。もちろんこれは、逆に「ワシに逆らえばお前たち姉弟の命はないものと思え」という脅迫でもあります。

清麻呂は、姉の広虫姫と、国の行く末について話し合いました。そして姉の助言を、心中深く受け止めました。

4　宇佐八幡の御神託

いよいよ神護景雲3年（769年）6月末、宇佐八幡の神託の真偽をたしかめるため、和気清麻呂は勅使として都を旅立ちました。出発に先立ち、称徳天皇は、ひそかに清麻呂に一首の歌を贈りました。

西の海　たつ白波の　上にして
なにすごすらん　かりのこの世を

「西の海」というのは、西方浄土を想起させます。つまりこれは仏教界の海、つまり大御所である道鏡のことです。

「たつ白波」は、その道鏡が立てた波風（白波）。

「上にして」は、道鏡を天皇に就任させるということ。

「かりのこの世を」は、現世を。

「なにすごすらん」は、どうしてすごせましょうか、です。

つまり称徳天皇は、どうして臣下であり万世一系の血筋のない道鏡を天皇にしなければならないのか。それをしてしまったら中国の易姓革命と同じで、結局は日本は、政権をめぐって血で血を洗う国になってしまう。だから「道鏡の要求は絶対に認められない」というメッセージです。

ではなぜ称徳天皇は、そのように道鏡に対して、あるいは時の貴族たちに対してはっきりと言わないのか、という疑問を持つ人もいるかもしれません。そこが、実は日本の統治のいちばんたいせつな肝（きも）の部分です。

天皇は政治権力を持たない、行使しないというのが、日本のカタチです。天皇が直接政治に介入し、政治権力を揮（ふる）うようになれば、それは中国や朝鮮半島の王朝と同じで、最高権力者が民衆を私的に支配する国になってしまいます。権力者のもとに、民衆が私的に支配されるなら、民衆は人でなく、私物というモノになってしまうのです。ですから日本の天皇は、古来、政治権力を持ちません。政治権力者よりも上位にある最高権威となり、その最高権威が民衆を「おおみたから」としているのです。こうなると天皇の部下である政治権力者は、天皇の「おおみたから」のために働く存在となります。民衆が、国家における最高のたからであり、政治権力は、その「おおみたから」の幸せのために働く存在となるのです。これが日本の「シラス《知らす、治らす》」と呼ばれる統治の根幹です。

ところが道鏡は、孝謙天皇に寵愛されたことをよいことに、政治権力を手に入れるや、その国家の最高権威までをも、私物化しようとしたわけです。これはつまり、権威と権力が日本において一体化することを意味します。するとその社会は、皇臣民が鼎立（ていりつ）する社会ではなくて、支配者を頂点とするピラミッド型の社会となります。それは上下関係しかない社会です。上下関係だけしかない社会では、上に立つ者からみたとき、その下にいる者は、全員が人の形をした、ただの動産になります。動産ということは、つまりモノですから、殺そうが奪おうが、意のままです。

上に立つということを、そのような形でしか解しない人や組織や国家は、21世紀となった今日においても世界に残っています。いまの日本にも蔓延しています。そして支配者側に立った人は、下の人たちの自由や富を奪い、収奪し、言論を統制しています。さらに下の者に対して残虐な暴力を平然と行う国もあります。ところが日本は、はるか古代において、社会がこのようになるという問題を根本解決しているのです。

それがおわかりになられるから、称徳天皇は、道鏡の神託をしりぞけたい。けれど、ここが大事なのですが、称徳天皇が直接そのような指示を出したら、それは天皇の政治への介入になります。すると天皇が政治権力者として権限を揮うことになります。すると道鏡よりも前に、道鏡が行おうとしていることを天皇自らが行ってしまうことになるのです。これはできないことです。

ですから誰かに道鏡の神託を退けてもらわなければなりません。ところがその政治権力の頂点にいるのが道鏡です。そしてそれ以下の者は道鏡の権力と財力におもねり、道鏡のいいなりです。すでに道鏡の富と権力と財力に取り込まれているのです。

称徳天皇は、こうした情況の中で、その大御心を和歌に託されたのです。

歌は、一見すると、これから大分県にある、つまり奈良の都からみて、西の方角にあって、海を渡った先にある宇佐神宮に向かおうとする和気清麻呂の無事な航海を願っただけの歌にも見えます。けれど和歌は思いを察する文化です。詠(よ)み手の心を、読(よ)み手が察する。「よみて」と「よみて」、どちらも同じ音なのは、両者が一体となることが和歌の心だからです。

宇佐八幡宮は大分県宇佐市に鎮座する武神です。

宇佐八幡宮に到着した和気清麻呂は、身を清め心を鎮めて八幡大神に宝物を奉り、宣命の文を読もうとしました。すると禰宜(ねぎ)の辛嶋勝与曽女(からしまのすぐりよそめ)が、

「すでに道鏡を皇位に即(つ)けよという神託が下されているのだから、あらためて宣命を奉(たてまつ)る必要はない」と、これを拒(こば)みました。

和気清麻呂は不審を抱きました。そして与曽女に言いました。

「これは国家の大事です。

そして私は勅使です。

その勅使の前に、託宣があったとは信じ難いことです。

その神託というのを、私の前に示してください」

これには与曽女は、こたえられません。そこで和気清麻呂は、あらためて八幡大神に宣命の文を奏上し、大神の神託を受けるのです。

このあたり、すごい迫力を感じます。おそらく和気清麻呂の到着前に、道鏡によって買収圧力がかかっていたのでしょう。だから禰宜の与曽女は、和気清麻呂を拒んだのです。あらかじめできあがっていたシナリオをひっくり返すというのは、並み大抵のことではできません。相当の覚悟と迫力がなければできないことです。このあたりの和気清麻呂には、武人にも劣らない気迫を感じます。

伝承によれば、重ねて神託を申し出た和気清麻呂の前に、身の長三丈《およそ九メートル》で、満月の如く輝く神々しい八幡大神が姿を現し、厳かに真の神託が降ろされた、とあります。そしてその神託は、

「わが国家は開闢より君臣定まれり。臣をもって君となすこと、未だこれあらざるなり。

天つ日嗣（あまつひつぎ）は必ず皇緒を立てよ。無道の人はよろしく早く掃い除くべし」

というものでした。

ここで描写されている「身の長三丈の満月の如く輝く神々しい八幡大神」というのは、八幡大菩薩がそのお姿を現したというよりも、このときの和気清麻呂の迫力が、まさにそのようであったということかもしれません。

こうして、八幡大神の神託は、「道鏡の皇位を認めない」と下されました。

5　道鏡失脚

和気清麻呂は、いそぎ都へ帰り、すぐに参内すると、群臣が見守るなか、神託のとおりの報告をし、重ねて、

「道鏡を掃い除くべし」と奏上しました。

その席に道鏡もいました。道鏡にしてみれば、事前に宇佐神宮にも、ちゃんと手を打ってあったのです。報告は、「道鏡を皇位に就けよ」というものであるはずでした。ところが和

気清麻呂の報告は、その反対だったのです。

このとき道鏡は、

「憤怒の形相で烈火のごとく怒った」と記録は伝えています。

和気清麻呂のひとことで、道鏡の全ての野望はおしゃかになったのです。

皇位に就けなくとも、道鏡は政治上の最高権力者です。激怒した道鏡は、和気清麻呂を呼び、名を

「別部穢麻呂（わけべのきたなまろ）」と改名するよう命じました。そして清麻呂を大隈国《鹿児島県牧園町》へ流刑にしてしまいました。

怒りは姉の法均（広虫）にも向けられました。法均は強制的に還俗（げんぞく）させられたうえ、名を、「別部狭虫（わけべのさむし）」と改めさせられ、備後国《広島県三原市》に流罪にして追放されてしまいました。

ちなみに、このときに和気清麻呂を大隅国に流刑にしたところにも、道鏡の底知れぬ悪意と底意地の悪さを感じます。というのは、大隅国（おおすみのくに）は、神武天皇の御生誕の地です。そこには神武天皇のご両親の陵墓があります。つまり大隅は、この時代における「聖地」です。

「聖地」ですから大隅には国司もいません。太古の昔のまま、大切にされていた土地だったのです。

その大隅へ清麻呂を飛ばしたということは、「お前が神武天皇にはじまる万世一系の天皇をどこまでも奉じるというのなら、初代天皇の聖地で死ぬまで過ごしておれ！」というメッセージです。いいかえれば、この流罪事案一つをとってしても、道鏡が我が国における天皇の存在の理由とありがたさを、頭から否定し、自分が中国のような「皇帝」になろうとしていたということがわかります。

それだけではありません。大隅国に流罪となった和気清麻呂は、旅の途中で道鏡の放った刺客に襲撃を受けています。ところがこのとき不思議なことが起こります。激しい雷雨になって、さらにどこからともなく勅使が現れて、わずかに死を免れたのです。まさに九死に一生を得た旅でした。

しかし罪人として輿に入れられて、何日もかけて護送されたのです。大隅《鹿児島県》に到着する前に、通り道となる大分の宇佐八幡に、お礼のためにと和気清麻呂は参拝しようとしたのですが、すでに脚が萎えて歩くことができない。ところが宇佐の近くまで来たとき、なんと山から突然三百頭の猪が現れて、清麻呂の乗った輿の前後を守りながら、八幡宮まで十里の道を案内してくれたとあります。そしていよいよ参詣の当日、不思議なことに和気清麻呂の萎えていたはずの足は、なんと元通りに治っていたのだそうです。この故事から、猪は清麻呂の守り神とされ、いまでも和気清麻呂のゆかりの神社には、狛犬の代わりに「狛いのしし」が安置されています。

では備後国に流された姉の広虫はどうなったのでしょうか。

彼女は、備後で、きわめて貧しい暮らしをさせられていました。そして弟のことや、都に残してきた養育している子供たちのことを思い、淋しくつらい日々を過ごしていました。ところがそんなある日、都（みやこ）から干柿（ほしがき）が届くのです。広虫が育てていた子供たちが、義母の身の上を心配し、激励の手紙を添えて、食べ物を送ってくれたのです。

さて、神護景雲4年（７７０年）８月、称徳天皇が五十三歳で崩御され、第四十九代光仁（こうにん）天皇が御即位されました。即位した光仁天皇は、道鏡を罷免（ひめん）し、下野国《栃木県》の薬師寺別当に左遷しました。古来、天皇は政治には関与しません。そして天皇がいったん親任した政治権力者は、親任した天皇によって罷免されることはありません。けれど、次の天皇が誰を親任するかは、新たな天皇の裁量です。
こうしてついに道鏡は権力を失うのです。

6 皇統を護る

そして新たに起こった太政官は、大隅の備後に飛ばされていた和気清麻呂と、姉の広虫の流罪を解き、二人を都に帰朝させました。そしてもとの姓名に戻させ、二人の名誉を回復したのです。

光仁天皇の後を継いだのが、第五十代桓武（かんむ）天皇です。桓武天皇は道鏡のように信仰を利用して己の私欲を満たそうとする者の政治への関与を防ぐために、あらためて風水を立てて、都を葛野（くずの）方面に移設することを計画しました。平安京遷都です。そしてこの計画を提案したのが、和気清麻呂でした。

和気清麻呂は、桓武天皇のもとで、平安京の造営大夫となり、新都造営に手腕を振るいます。そしてついに延暦13年（794年）に京の都が完成し、この年の10月に遷都が行われました。

都づくりに手腕を発揮した和気清麻呂は、続けて河内と摂津の国境に水利を通じたのをはじめ、京阪神一体の治山治水事業を推進し、民の生活の安定を図りました。
そして平安遷都の五年後の延暦18年（７９９年）、六十七歳で永眠しています。
『日本後記』は、和気清麻呂について、
「人と為り高直にして、匪躬（ひきゅう）の節有り。
故郷を顧念して窮民を憐れみ忘るることあたわず」と絶賛しています。
また同書は、広虫についても、
「人となり貞順にして、節操に欠くること無し
未だ嘗て法均の、他の過ちを語るを聞かず」
と、慈悲深く、人の悪口を決して言わない高潔な人柄を讃えています。

こうして和気清麻呂の活躍によって皇統は護られました。そして嘉永4年（１８５１年）、孝明天皇は和気清麻呂の功績を讃えて神階正一位と「護王大明神」の神号を贈られ、また明治天皇は、明治31年（１８９８年）に、薨後千百年を記念して、贈正三位から位階を進めて、贈正一位を和気清麻呂に与えられています。

私たちの国の根幹である民を守る、公と私のけじめをつけるというシラス国を、個人の欲

得によって奪おうとする人は、さまざまな時代に登場します。そしてこうした者たちは、巨大な権力と財力を持っていますから、権力や金力に群がる亡者(もうじゃ)たちを利用して、さらに一層、自らの権威権勢を高めようとします。そしてこのような者たちが跳梁(ちょうりょう)する時代には、必ず藤原仲麻呂のように、反乱者として首を刎ねられたり、あるいは連座した三百七十五人のように、つらい仕打ちを受けたり、あるいは和気清麻呂のように別部穢麻呂(わけべのきたなまろ)というひどい名前を与えられたり、暗殺されそうになったり、すでに高齢となっていた姉までも流罪にさせられるというひどい仕打ちを受けたりもしています。同様のことは幕末においても、吉田松陰、橋本左内、河井継之助、頼三樹三郎、安島帯刀、梅田雲浜などが死罪となり、またそれ以前にも天誅組の中山忠光などが殺害されるという事件もありました。

権力と財力によって、民衆を支配することを、日本の古い言葉で「ウシハク」と言います。シラスとウシハクは、シラスの中にウシハクが内包されたとき、はじめて統治が機能する、それが我が国の古代からの知恵です。ウシハク者がシラスを奪おうとするとき、シラスという国柄を護(まも)ろうとする者には必ず試練が襲いかかりました。けれど歴史の節目節目に、我が国に和気清麻呂のような人物が現れることによって、日本の国柄が守られてきました。

和気清麻呂は、奈良時代末から平安時代初期に生きた、いまから千三百年も昔の人ですが、その心は、現代日本にも、いまだしっかりと息づいています。
次は一人ひとりの日本人が和気清麻呂になる番です。

五　武士道とお能の不可分の関係とは

１　武家文化としてのお能

お能といえば、なんとなく現代人にとっては、お能＝能面といったイメージがあるように思います。もうすこし深く掘り下げて、お能とは何かといえば、「侘(わ)び寂(さ)び幽玄(ゆうげん)の世界」として案内されることが、これまた多いかと思います。

けれど実際には、日本武士道を構築したのがお能です。お能は城の中で上演されることが多い芸能でしたが、年に一度、一般庶民に城中のお能が開放される日には、町人たちが列を為して見に来たと言われています。

そんな次第で、武士たちは幼い頃からこのお能に親しみ、お能で歌われる謡曲(ようきょく)の言葉が、そのまま武家言葉となり、その武家言葉が能楽とともに全国共通語となることで、実は江戸詰めの武士たちは、他国の武士と普通に会話ができました。地元言葉では、方言が強くて、言葉が通じなかったのです。

はっきり申しますが、武家が愛したお能は、侘び寂び幽玄の世界ではありません。なるほどそういう一面もあるということは否定しませんが、お能は武士道の源泉となったものであるという点を、先に認識する必要があるのです。お能の演目は、いずれも武士としての教えであり、武士の心得であったのです。

よく武士の文化は、論語などの四書五経によって育成されたと語られますが、四書五経を学んだというのなら、中国や朝鮮半島も同じです。けれど日本の武士のような精神性は、それらの国にはありません。同じものを学んだはずなのに、どうしてそのような違いが生まれたのかといえば、日本の武士は四書五経の前に、お能を通じて武士としての文化を学んでいたからです。

歌舞伎は、そんなお能からの派生です。もともとは傾奇者(かぶきもの)というくらいで、武家の持つお能を、パロディ的に派生させたものです。このため江戸時代には、多くの大名家で、家臣たち武士の歌舞伎観劇は禁止されていたくらいです。

そもそも武士は、「侘び寂び幽玄」の存在ではありません。現実社会で正義を貫き、民衆の模範となって将軍家や殿様に代わって民に知らすを行うべき存在です。このことを数々の演目を通じて武士に教え続けたのが、実はお能であったのです。もっというなら、「お能こそが武士道を形成した日本文化である」ということができるのです。

２　熊野（ゆや）の物語

たとえばお能の演目に「熊野（ゆや）」という物語があります。

昔は「熊野松風（ゆやまつかぜ）は米の飯」と言われたくらいで、お能といえば「熊野に松風」と言われたくらい、ポピュラーな演目でした。

では「熊野（ゆや）」とはどのような物語なのでしょうか。

その昔、遠州《静岡県》出身の美しい女性の熊野（ゆや）が、京の都で平宗盛（たいらのむねもり）のもとで仕えていました。ところがある日、熊野（ゆや）のもとに母が病気だと連絡が入ります。

そこで宗盛様にお暇をいただいて、故郷（くに）に帰ろうとするのだけれど、宗盛は「清水寺の花見に連れていくから」と帰してくれない。

いよいよ花見の日、酒宴のときに、衆生を守護する熊野権現がにわか雨を降らして、花を散らせてしまいます。そしてこのとき熊野が、

いかにせん　都の春も惜しけれど
馴れし東の花や散るらん

と母を慕う和歌をしたためます。するとこれを読んだ宗盛が、熊野の帰郷を許すわけです。熊野は急いで故郷に旅立っていく。

この物語は、一門の権勢を担う平宗盛という武家の棟梁にして権力の座にある宗盛と、美しい桜と美しい女性の熊野を対比させながら、神々のご意思はどこまでも衆生の幸せの上にあること、そして時の最高権力者であった宗盛が、一人の女官の思いを、にわか雨に散った桜と、熊野の和歌から「察した」こと、そして察することで熊野の帰郷を許すというところに、武家の長としての大切な心構えが描かれているわけです。この物語は、権力が大事か、衆生の幸せ、一人の人間の親を思う気持ちが大事かという、ある意味究極の選択を描いた物語なのです。そして宗盛は、散った桜と、「馴れし東の花や散るらん」という遠回しな熊野の和歌で、すべてを察して、熊野の帰郷を許しています。

武家であれば、当然、武力を持つし、武力を用いるための訓練も受けています。つまり一般の民よりも、はっきり言って強い存在です。けれど強いからこそ、武力や官位や権力以上に、弱い者の気持を些細なことから察すること、人としての優しさこそが大切なのだということを、この物語は明確に描き出しているのです。

３　松風の物語

「松風（まつかぜ）」は、大昔（平安初期）に、在原行平（ありわらのゆきひら）と、たった三年間というわずかな期間を過ごした松風と村雨（むらさめ）という二人の若い海女（あま）の物語です。二人の女性の霊は、その行平とのほんの短いご縁が忘れられず、行平が詠んだ、百人一首にも収録されている和歌、

たち別れいなばの山の峰（みね）に生（お）ふる
まつとし聞かば今帰り来（こ）む

という歌の言葉を信じて、つまり、いつか再び行平様がお帰りになられると信じて、当時

世話になった屋敷で、いまなおさまよっているわけです。

すでにその屋敷は、とうに崩れてしまっています。

たまたまそこを通りがかった僧侶が、二人の霊と話し合い、僧の回向によって、二人の霊は成仏していくという物語です。


この演目は、権力のある者（つまり武士）のひとことは、一般の人々にとって、どれだけ重いものなのかを教える物語です。「綸言汗の如し」と言いますが、武士や高級貴族のひとことというのは、それだけ重い。そのことをしっかり心得て、民と接することの大切さが、この演目の主題になっています。

4　鵺の物語

「鵺」という物語もあります。鵺は、頭が猿、尾が蛇、手足が虎という、恐ろしげな妖怪で、その昔、源頼政によって退治されたのですが、退治されただけで、その魂がいまだこの世にさまよっている。たまたまその鵺の魂魄と出会った旅僧の回向によって、鵺の魂はおさまり、成仏してこの世を去っていくという物語です。

これもまた、誤った者を懲罰するのは武門の常ではあるけれど、その後に命を奪った相手に対して、ちゃんと回向をし、成仏させてあげなければならないという、武士の心得を描いた作品といえます。

先の大戦に際して、武士の精神を受け継ぐ旧日本軍が、敵兵であっても戦いの後に供養（くよう）を欠かさなかったのは、この鵺の物語が、武士の心得として、武士道の精神となっていたからにほかなりません。

5　武士道を築いたお能

要するに、お能といえば「侘び寂び幽玄」と決めつけるかのような論調が目立ちますけれど、実はまったくそうではない。お能は、武家として、あるいは人として、権力を持つ者として、たいせつな心得を、芸能という形で繰り返し武士たちに提示し、武士道の根幹を決定づけてきた、まさに日本武士道の根幹を示す文化であったのです。そしてこのお能が、城内で繰り返し上演されることで、藩士一同とともに殿様も、武家としての大切な心得を毎度、再確認していたのです。

日本人といえば、武士道といわれますけれど、武士は日本人のごく一部の人々にすぎません。けれど、そのほんのひとにぎりの武士が、人として、武士として、何が大切なのかという心得をしっかりと保持していたからこそ、武家は人々から尊敬を集めましたし、日本文化の担い手となったのです。そしてその武家文化の中核を為したのが、まさにお能であり、お能で歌われる謡曲であったし、謡曲の言葉が、武家の共通語ともなっていたのです。

もちろん、お能に「侘び寂び」を見出すことも、一つの鑑賞としては、ありでしょう。お能が「侘び寂び幽玄の世界」であると言われるようになったのは、江戸時代までの武家文化を破壊しようとした明治のことですが、それがいまでもそのように言われていることには、お能そのものの本質とはやや異なる別な理由によります。

どういうことかというと、戦後のGHQによる占領以降、日本に左翼的思考が蔓延したなかにあって、お能を「武士の道の根幹だ」などと言い出したら、左の人たちから集団で攻撃を受けることになってしまったのです。これを回避するためには、明治の頃に「異説」として言われ出していた「お能＝侘び寂び幽玄の世界」という、ある意味摩訶不思議な世界だとしておいたほうが、文化保持のためには有効だったのです。

けれど、いつまでも戦後ではありません。21世紀となった今日（こんにち）、お能の持つ本質と、その精神を、日本の武士道精神の根幹として、あらためて学び直すべき時代が来ています。いまこそ私たちは、お能が本来表現しようとしていたもの、その演目が語ろうとしていたものを、もっとごく自然に受け入れ、学び、日本人の心得としていくべきではないかと思います。

あとがき　日本文化が巨大な胃袋を持つといわれる理由とは

日本は古代において、外来の仏教も取り入れたし、儒教も取り入れたし、中国の古代の各種文献も取り入れたし、漢字も取り入れました。近世には、ポルトガルやオランダから様々な文物を取り入れ、戦後には欧米の文物や価値観、さらにはキリスト教やイスラム教などをも取り入れています。このことを称して、日本文化は巨大な胃袋を持ち、世界中のあらゆる文化を吸収する、などと比喩（ひゆ）されたりすることもあります。

そしてこのことは、欧米や中国が、すくなくとも過去、他国の文化を取り入れることがきわめて困難であったことを考えれば、きわめて異常とさえいえます。

ではどうして日本は、絶対的かつ排他的な一神教や、唯我独尊的な中国文化などを軽々と取り入れることができたのでしょうか。

理由として、これまでよく言われてきたことは「日本文化には寛容性がある」です。

けれどもこれはおかしな論説です。なぜならそれは、現実に取り入れてきたという事実があるという結果を述べているだけで、「なぜ寛容なのか」という理由の説明になっていないからです。

あるいは「日本人はいい加減だから」というものもあります。これもまた、受け入れてきたことを別な言い方で述べているだけで、「どうして受け入れることができたのか」という問いに対する答えになっていません。

では、日本文化が海外の様々な文化を取り入れることができた理由とは、いったい何でしょうか。

その答えは、

「日本が常に民衆の幸せを第一としてきた」

という、この一点に尽きます。

逆に民衆よりも国家の権力が第一なら、権力は、権力の保持と温存のため、必ず他国の文化を排除します。なぜなら民衆は、権力者だけの言うことを聞いていれば良いからです。民衆が権力者以外に、価値を求めるようになったら、権力による支配は崩壊します。ですからこの場合の権力は、必ず排他独尊的になります。結果、他国の文物は、権力者の贅沢や、権力者を飾るもの以外、すべて必ず排除されることになります。

隣国の中国や半島文化が排他的なのは、日本とはその根幹が異なるからです。彼らにとっては、権力者とその権力の保持が、国家の最優先事項として存在します。民衆は、権力者の手駒でしかないのです。あるいは、刈っても刈っても生えてくる庭の雑草みたいなものでしかないと例えられます。中国で大きな事故があると、ただ埋めて事実を隠してしまうのも、韓国の政権が、経済政策の失敗で支持率がほぼゼロに近い状態であるのに大統領に再選されるのも、国の全ては国の権力のためにあると認識されているからです。

けれどもかつての日本では、これらは起こりえないことでした。なぜなら日本は、国家権力よりも民衆の幸せを優先する国柄を持つからです。

このことは世界史の上からも、とてもめずらしいことといえます。

ではなぜ日本が、国家権力よりも民衆の幸せを優先する国柄となったのかといえば、それは国家最高の存在を、国家権力者ではなく、国家最高権威としたからです。そしてその国家最高権威が、国の民衆をして、国家最高権威の「おほみたから」としたのです。こうなると国家の権力は、民衆の幸せのために尽くすことが、国家最高権威に仕えることと同意になります。結果、民衆の幸せのために、あらゆる国家資源が投入されるという国柄ができ上がるし、たとえそれが外来の文化であっても、良いものはむしろ積極的にこれを用いるという、日本的文化風土ができ上がるのです。

ここは非常に大切なところです。権力が大事なら文化は排他的になります。民衆が大事なら、文化は世界中から良いものを集めてきて、採り入れられることになります。

上を見て暮らす国か、下を見て暮らす国か。

この違いこそが我が国の文化の根幹です。

会社などにおいても、上を見て仕事をするのか、下を見て仕事をするのかによって、同じ仕事をしていてもその結果は大きく変わります。上を見て仕事をしたほうが、出世は早い。その代わり、上がコケたら、共倒れになります。下を見て仕事をすれば、仕事の成果は抜群に上がります。その代わり、あまり出世は見込めません。どちらを選ぶかは、その人の人生です。

おもしろいことに、このことを実現したのは、第三十三代推古天皇、第三十五代皇極天皇（重祚して第三十七代斉明天皇）、第四十一代持統天皇という、三代の女性の天皇であり、またこれを確固たるものにしたのが、第四十三代元明天皇、第四十四代元正天皇、第四十六代孝謙天皇（重祚して第四十八代称徳天皇）という、三代の、これまた女性天皇の時代です。日本文化は、古代から中世に至る女性天皇によって、その基本となる国の形が形成されたのです。

似たようなケースは欧州にもあります。女性が王となった時代に、乱世よりも国民の幸せを築こうとする風潮が高まっているのです。王ではありませんが、有名なところで間違って伝えられている女性に、マリー・アントワネットがあります。マリー・アントワネットは王妃であり、王室の財政を無視して贅沢三昧な暮らしをしていたから、最後、断頭台に送られたというのは、当時、王権を否定したフランス革命的な解釈にすぎません。

マリー・アントワネットの時代のフランスは、米国のイギリスからの独立戦争に巨額の支援をしていたし、その戦争のために投じられた費用は、マリー・アントワネットの服飾や宝石にかけられた費用の何百倍にも達します。むしろマリー・アントワネットは、そのために王室の資金が不足気味になることに心を悩ませ、王妃の村里と呼ばれたプチ・トリアノン宮殿で家畜を飼い、農園を営み、自ら率先して畑を耕して王の宮殿の日々の食を確保することを行いました。

ですから、仮にもし、マリー・アントワネットが国王であったのなら、フランスの歴史は大きく異なるものになっていたかもしれません。

日本は2世紀後半の倭国大乱の時代に、乱を鎮めたのが女王卑弥呼であったと中国の史書にも書かれている歴史を持ちます。女性がトップとなり、その女性が、権力よりも権威をたいせつにすることで、日本の国柄が形成されてきたのです。

どうも男というのは、力を求めて、常に争いや諍(いさか)いばかりを起こすものらしい（笑）。

21世紀は、女性の時代と言われています。

およそ六千年続いた男性社会が終わり、これからは女性が消費を主導し、文化を主導する時代になるとも言われます。その意味で、これまで長い間、女性が担って文化を形成した日本の歴史と文化が、世界の中で大きな意義を持つ時代になっていくのかもしれません。

念の為申し上げますが、だから女系天皇を望んでいるのではありません。天皇はあくまで男系であることが、これは最重要な皇統の意義です。歴代の女性の天皇も、すべて男系の女性天皇です。なぜ男系であることが必要かといえば、天皇は血統ではなく、天照大御神の時代から続く霊統が、国家最高権威であることとの最大の理由であるからです。

日本が他国の文化や文物を、いくらでも飲み込むことができる巨大な胃袋を持っているのは、他ならぬ「天皇のもとに民衆がおほみたからとされる」という国柄を持つからです。

本書は、そうした日本の国柄を、神話の時代から近世にいたるまでのさまざまな歴史のエピソードを通じて、あらためて学びなおしてみようと企画した本です。日本の未来のために、新しい世界のために、そして読者のみなさまの明るくて幸せな人生と未来のために、本書がすこしでも役に立てれば幸いに思います。

ネガティヴをポジティブに　小名木善行

【著者略歴】

小名木善行（おなぎぜんこう）

昭和31年1月生まれ。

国史啓蒙家。

静岡県浜松市出身。千葉県在住。

上場信販会社経営企画、管理部長、現場支店長としても常に全国トップの成績を残す。

現在は執筆活動を中心に私塾である「倭塾」を運営。またインターネット上でブログ「ねずさんの学ぼう日本」を毎日配信。他に「ねずさんのメールマガジン」を発行している。

年に50～80回前後の講演活動を行い好評を得ている。

◆著書
『ねずさんの昔も今もすごいぞ日本人1～3巻』『ねずさんの日本の心で読み解く百人一首』日本図書館協会推薦（彩雲出版）、『ねずさんと語る古事記1～3巻』『誰も言わないねずさんの世界一誇れる国 日本』（小社刊）、『ねずさんの奇跡の国 日本がわかる万葉集』『ねずさんの世界に誇る覚醒と繁栄を解く日本書紀』（徳間書店）、その他雑誌執筆等多数

◆動画
「明治150年 真の日本の姿」

「日本と台湾の絆」

「奇跡の将軍樋口季一郎」

「ねずさんのふたりごと」

「目からウロコの日本の歴史」他多数

◆ DVD
「ねずさんの目からウロコの日本の歴史」（グランドストラテジー）

ねずさんの知っておきたい

日本のすごい秘密

令和2年9月20日　初版発行
令和5年6月 8 日　第3刷発行

著　者　小名木善行
発行人　蟹江幹彦
発行所　株式会社　青林堂
〒150-0002　東京都渋谷区渋谷3-7-6
電話　03-5468-7769
装　幀　TSTJ inc.
印刷所　中央精版印刷株式会社

Printed in Japan

ISBN 978-4-7926-0685-5